마음 바로 알기

마음 바로 알기

지은이 | 황명환
초판 발행 | 2024. 6. 19
등록번호 | 제1988-000080호
등록된 곳 | 서울특별시 용산구 서빙고로65길 38 두란노빌딩
발행처 | 사단법인 두란노서원
영업부 | 2078-3352   FAX | 080-749-3705
출판부 | 2078-3331

책 값은 뒤표지에 있습니다.
ISBN 978-89-531-4858-1   03230

독자의 의견을 기다립니다.
tpress@duranno.com   www.duranno.com

두란노서원은 바울 사도가 3차 전도여행 때 에베소에서 성령 받은 제자들을 따로 세워 하나님의 말씀으로 양육하
던 장소입니다. 사도행전 19장 8-20절의 정신에 따라 첫째 목회자를 돕는 사역과 평신도를 훈련시키는 사역, 둘째
세계선교(TIM)와 문서선교(단행본잡지) 사역, 셋째 예수문화 및 경배와 찬양 사역, 그리고 가정·상담 사역 등을
감당하고 있습니다. 1980년 12월 22일에 창립된 두란노서원은 주님 오실 때까지 이 사역들을 계속할 것입니다.

마음에 관한 성경적 가르침

마음 바로 알기

황명환

두란노

목차

마음이 무엇인지 알고 싶었습니다

당신의 샘을 깨끗이 하는 것보다 당신의 마음을 깨끗이 하는 데, 당신의 양 떼를 먹이기보다 당신의 마음을 먹이는 데, 당신의 집을 지키는 것보다 당신의 마음을 지키는 데 주의를 기울이라.

_피터 모펫 (Peter Moffat)

마음이 무엇인지 알고 싶었습니다. 우리는 언제나 입만 열면 '마음'이라는 단어를 쓰지 않습니까? '마음에 안 들어' '마음 가는 대로 해 봐' '마음이 아파.' 그런데 도대체 마음이 무엇입니까?

'내 마음 나도 모르게…'라는 노래 가사도 있듯 우리는 수없이 '마음'이란 단어를 쓰고 말하면서도 마음의 정체를 모릅니다. 그러나 성경은 말합니다.

모든 지킬 만한 것 중에 더욱 네 마음을 지키라 생명의 근원이
이에서 남이니라 |잠 4:23|

　사실 성경을 읽으면서도 마음이 무엇인지 이해하기 어려웠습니다. 신앙과 마음의 관계는 불가분리의 관계인데, 그 관계를 명확하게 설명해 주는 내용의 책이나 가르침을 찾기 어려웠습니다. 뇌 과학이 발달하면서 마음과 뇌의 관계를 설명하는 책들이 많이 나오기에 집중해서 읽어 보았지만 쉽게 납득되지 않았습니다. 인간의 마음은 뇌 과학이 말하는 것보다 훨씬 깊으며, 우리 존재의 핵심이라고 성경은 말하고 있기 때문입니다. 도대체 나와 내 마음의 관계란 어떤 것인지, 질문은 끝없이 이어졌습니다. 마음을 찾아서 숨바꼭질하는 기분이었습니다.

　마음에 관한 책들을 닥치는 대로 읽었습니다. 성경이 말하는 마음과 일반 학문이 말하는 마음에 대한 공통점은 무엇인지, 그리고 다른 점은 무엇인지 많이 생각했습니다. 마음을 알면 나도 알고, 세상도 알고, 하나님에 대해서도 좀 더 알 수 있을 것 같았습니다. '도대체 마음이란 무엇인가?'를 깊이 생각하던 중에 마음에 관한 신학적 이해는 일반 학문의 이해와는 많이 다르다는 것을

알게 되었습니다.

마음을 어떻게 알 수 있을까요? 마음을 만드신 하나님이 가장 정확하게 아실 거라고 결론을 내렸습니다. 그래서 양자를 다 아우르기보다는 성경이 말하는 마음을 먼저 이해하는 것이 순서라고 생각했습니다. 그래서 성경이 말하는 마음과 위대한 신학자들이 마음에 관해 연구한 자료들을 읽기 시작했습니다.

아우구스티누스로 시작해서 토마스 아퀴나스, 장 칼뱅, 조나단 에드워즈, 칼 바르트, 폴 틸리히, C. S. 루이스에 이르기까지, 그 밖에도 수많은 신학자가 마음에 관해 연구한 내용들이 보물처럼 널려 있었습니다. 그런데 왜 나는 아직까지 마음에 대하여 배우지 못했는가 부끄럽기도 하고, 당혹스럽기도 했습니다. 앞으로 교회에서도 마음에 관한 연구와 강의, 설교가 많이 활성화되면 좋겠다고 생각했습니다.

마음에 관한 개념을 간단히 정리해 일주일간의 특별새벽기도 시간에 수서교회 성도들과 나눴습니다. 그 내용을 책으로 정리해 내놓습니다. 더 많은 분이 마음의 개념을 알고 기쁨과 평안 가운데 신앙생활을 해나가시기를 바랍니다. 이 책은 마음에 관한 성경의 가르침과 그 기초를 정리한 것으로, 마음의 기본 개념을 잡는 데 유익할 것입니다. 이 기초 위에 더 깊은 연구를 해 나가고, 더 넓게 활용할 수 있는 방법을 찾으면 좋겠습니다. 마지막으로 마음에 관한 설교를 주목하고 기쁘게 들어준 수서교회 성도들에게 감사의 마음을 전합니다.

2024년 6월 수서동산에서
황명환 목사

chapter 1

마음이란 무엇인가?

마음의 혼돈과 공허와
어둠을 해결하려면

만물보다 거짓되고 심히 부패한
것은 마음이라 누가 능히 이를
알리요마는

예레미야 17장 9절

도대체 마음이란 무엇인가?

마음이란 무엇입니까? 참 어려운 질문입니다. 어떤 불자가 스님에게 이렇게 물었다고 합니다.

"스님, 저는 행복해지고 싶은데, 행복은 둘째 치고 우선 마음이 무엇인지 모르겠습니다. '마음대로 해' '마음을 먹다' '마음에도 없는 말을 한다' 등 마음에 관한 말은 많은데, 아무리 들여다봐도 마음이 뭔지 모르겠습니다. 제 마음도 제 것이 아닌 것 같습니다. 봄철의 날씨처럼 이랬다저랬다 계속 변하고, 뭔가가 끝없이 생겼다 사라지면서 제 삶을 끌고 다니는 것 같습니다. 생각할수록 마음이 뭔지 모르겠습니다. 마음이 무엇입니까?"

이런 질문을 받고 스님이 이렇게 말했습니다.

"마음 공부 많이 하셨네요. '마음이 뭔지 모르겠다' '마음이란 게 있는 것 같기도, 없는 것 같기도 하다' '마음이 이랬다저랬다 변덕이 죽 끓듯 한다' 같은 표현이 아주 중요합니다. 왜냐하면 마음을 관찰하고 있기 때문입니다. 그냥 '마음이 아프다' '마음이 힘들다' 하지 않고, '도대체 마음이 뭔가?' 하고 마음을 관찰했잖아요. 마음을 관찰해 보니 어떻습니까? 마음이라는 것이 믿을 만합니까? 그렇지 않습니다. 마음은 형편에 따라 달라집니다. 화장실 가기 전 마음과 다녀온 후 마음이 다릅니다. 똑같은 사람이라도 그가 나를 칭찬해 줄 때 마음 다르고, 비난할 때 마음이 다릅니다.

이것을 관심무상(觀心無常)이라고 합니다. 마음 심(心)에 볼 관(觀), 즉 마음을 바라보니, 없을 무(無)에 항상 상(常), 항상 같지 않다는 말입니다. 마음은 항상 변합니다. 그래서 믿을 것이 못 됩니다. 그러니까 좋았다가도 싫을 수 있습니다. 누가 나를 좋아한다고 들뜨지 말고, 싫다고 해도 너무 그 말에 집착하지 마세요. 항상 바뀌는 것에 너무 신경쓰지 마세요. 다만 마음을 관찰하고 알아차리기만 하세요. 누군가 좋아진다면 그가 좋은 사람이라서가 아닙니다. 내게 그 사람을 좋아하는 마음이 일어나는구나 생각하면 됩니다. 즐거우면 즐거운 마음이 일어나는구나, 괴로우면 괴로운 마음이 일어나는구나 하고 마음을 관찰하세요. 내 마음이 죽 끓듯 하는 것을 알아차리면 괴로울 일이 없어요. 마음이란 늘 이랬다저랬다 하는 것이니까요. 그런 마음을 그냥 구경하세요. 마음에 집착하지 마세요. 왜 마음 때문에 속을 썩습니까?

어떤 사람은 자기는 한번 마음먹으면 끝까지 간다고 합니다. 그런데 그게 쉽게 됩니까? 서울 가겠다고 해놓고 가는 동안에 마음이 열두 번도 더 바뀝니다. 가고 싫다가 또 가기 싫다가 합니다. 그러니 마음먹었다 한들 어떻게 끝까지 가겠습니까? 그런데 마음이 늘 바뀌는 것이라는 걸 알면 결과적으로 끝까지 갈 수 있습니다. 가고 싶든 가기 싫든 신경 안 쓰고 가기로 했으니까 그냥 가는 겁니다. 마음을 따르지 않는 겁니다. 그렇게 서울에 도착하면 '어! 저 사람은 한번 먹은 마음으로 끝까지 해내네' 하는 말을 듣습니다. 변덕스러운 마음을 따르지 않으면 변덕스럽지 않은 사람이 됩니다. 아침에 기도하기로 했으면 비가 와도 눈이 와도 기도하십시오. 하기 싫어도 하십시오. 마음에 구애받지 않고 한번 하기로 결심한 일을 밀어붙여서 하면 결과적으로 '마음이 굳건하다'는 소리를 듣습니다.

마음은 실체가 없습니다. 마음은 언제나 이랬다저랬다 변화무쌍합니다. 믿을 게 못 됩니다. 집착할 만한 것이 못 됩니다. 그렇다고 마음이 없습니까? 아니요. 분명히 있습니다. 안개가 있다가 없어지듯 마음도 시시때때로 일어났다가 사라집니다. 그걸 '마음'이라고 이름 붙인 것입니다. 그러니까 마음에 너무 흔들리지 마십시오."

불교에 따르면 마음이란 실체 없이 한없이 복잡한 것입니다. 그러므로 그 마음의 변덕을 따라가지 말고 결정한 것을 그대로 밀고 나가라고 했습니다. 그런데 여기에서 모순이 생깁니다. '마음을 따라가지 말자'고 마음 먹은 것도 결국 자기 마음 아닙니까? 마음을 그저 구경하라더니 다시 자기가 먹은 마음을 따라가라고 합니다. 불교는 마음의 변덕을 어떻게 활용해야 하는가에 대해서는 잘 알고 있는지 몰라도, 마음이 무엇인지는 정확하게 모르는 것 같습니다.

왜 마음은 혼돈과 공허와 흑암으로 가득차 있는가

예레미야 17장 9절은 "만물보다 거짓되고 심히 부패한 것은 마음이라 누가 능히 이를 알리요마는"이라고 합니다. 만물보다 심히 부패한 것이 마음이라는 말씀입니다. 원래 마음은 깨끗한 것 아닌가요? 세상에 있는 온갖 것이 그 속으로 들어와서 그렇지, 원래 마음은 백지와 같이 깨끗한 것 아닙니까? 그래서 타불라 라사(tabula rasa), 즉 깨끗한 백지와 같다고 말하는 것 아닌가요? 성경은 그게 아니라고 말씀합니다. 만물보다 부패한 것이 마음이라고 합니다.

왜 그럴까요? 이 세상 모든 것은 하나님의 뜻에 따라

움직입니다. 천지 만물이 다 그렇습니다. 계절도, 식물도, 동물도 그렇습니다. 하나님이 주신 본성과 그 법칙을 따라 살아갑니다. 오직 인간만이 하나님을 거역합니다. 하나님의 뜻이 이루어지지 않은 곳은 인간의 마음뿐입니다.

창세기 1장 1절은 "태초에 하나님이 천지를 창조하시니라"라고 하고, 2절은 "땅이 혼돈하고 공허하며 흑암이 깊음 위에 있고 하나님의 영은 수면 위에 운행하시니라"라고 말씀합니다. 수면 위에 운행하시던 하나님의 영, 성령께서 하나님의 뜻을 받들어 세상을 창조하셨습니다. 그 결과 혼돈과 공허와 흑암이 밀려납니다. 결국 창조는 혼돈과 공허와 흑암을 밀어내는 작업이었습니다. 그것들이 밀려난 자리에는 무엇으로 채워졌을까요? 혼돈의 반대말은 질서입니다. 공허의 반대말은 충만이고, 흑암의 반대말은 광명입니다. 즉 하나님의 손길이 닿는 곳마다 혼돈과 공허와 흑암이 밀려나고 질서와 충만과 광명이 그 자리를 대신하게 되었습니다.

그러면 밀려난 혼돈과 공허와 흑암은 완전히 사라졌을까요? 그렇지 않습니다. 모세가 하나님의 명령에 따라 홍해 앞에 섰을 때 바다가 갈라졌습니다. 그때 그 물들이 모두 사라졌습니까? 아닙니다. 양옆으로 담장처럼 높이 쌓였습니다. 물 자체가 어디로 완전히 사라지지 않고 언제든지 다시 흘러넘칠 수 있도록 잠깐 밀려나 있었습니다. 혼돈과 공허와 흑암도 마찬가지입니다. 창조 사역을 통해 하나님의 손길이 닿는 곳에서 밀려나 억제되어 있을 뿐입니다.

그런데 이렇게 창조된 이 세상 안에 유일하게 인간의 마음에만 섬처럼 혼돈과 공허와 흑암이 남아 있습니다. 인간의 마음은 겉으로는 안 보입니다. 그런데 그 속에는 혼돈과 공허와 흑암이 들어 있습니다. 이상하지 않습니까? 하나님은 왜 인간을 이렇게 창조하셨을까요?

온 세상 모든 만물 속에는 하나님의 뜻이 들어 있습니다. 마태복음 6장에서 예수님이 말씀하십니다.

28 … 들의 백합화가 어떻게 자라는가 생각하여 보라 … 30 들풀도 하나님이 이렇게 입히시거든 … |마 6:28-30|

하나님이 백합화를 어떤 색으로 입히실지, 어떤 향기가 나게 하실지 정하셨는데 백합화가 그걸 거부할 수 있습니까? 그럴 수 없습니다. 하나님이 입히시고자 하는 뜻을 받아들였으니 백합화가 된 것입니다. 그런데 인간의 마음만은 그렇지 않습니다. 인간에게는 하나님의 뜻을 거부할 수 있는 영역이 남아 있습니다. 그래서 인간의 마음 안에 혼돈과 공허 그리고 흑암이 존재하는 것입니다.

식물이나 동물 중에 하나님의 뜻을 받아들일지 말지 고민하는 피조물이 있습니까? 그들은 그런 자유를 갖고 있지 않습니다. 원숭이는 원숭이로 살면 되고, 하마는 하마로 살면 됩니다. "내가 이제부터 하나님의 뜻을 받아들여서 하마가 될 거야" "나는 이제 하나님이 원하시는 원숭이로 살 거야" 하는 하마나 원숭이는 없습니다. 그들은 이런 것을 결정할 필요가 없습니다. 왜냐하면 하나님이 그런 결정권을 그들에게 주시지 않았기 때문입니다.

그 결정권은 오직 인간에게만 주어졌습니다. 왜냐하면 하나님은 인간을 인격적인 존재로 지으셨기 때문입니다. 하나님과 상대하는, 하나님과 교제하는, 하나님을 사랑하는 존재로 만들기로 하신 것입니다. 하나님은 인간을 로봇으로 만드시지 않았습니다. 그래서 우리에게 거부할 수 있는 자유를 주셨습니다. 우리는 하나님의 뜻을 거부할 수 있습니다. 이것을 신학에서는 '자유의지'라고 합니다.

예를 들면 이런 것입니다. 어떤 과학자가 로봇을 만

들려고 합니다. 그가 만들고 싶은 로봇은 명령을 그대로 수행하는 단순한 기계가 아닙니다. 과학자와 대화를 나눌 수 있는 로봇, 인격적이고 마음을 주고받을 수 있는, 서로 사랑할 수 있는 파트너로서의 로봇을 만들고 싶습니다. 그런데 여기서 갈등이 생깁니다. 이 로봇에게 과학자를 사랑할 수밖에 없도록 프로그램을 넣어 버리면 그의 사랑은 가짜가 됩니다. 프로그램이 작동해서 하는 사랑을 진정한 사랑이라고 할 수 없지 않습니까? 로봇이 과학자의 인격적 파트너가 되려면 그에게 자유의지가 있어야 합니다.

이처럼 자유의지란 사랑할 수도 있고, 거부할 수도 있는 것입니다. 하나님은 인격적인 파트너를 만드시기 위해 바로 이 자유의지를 우리에게 주셨습니다. 그런데 여기에는 위험성이 존재합니다. 우리에게 자유의지를 주면 우리가 하나님을 사랑하지 않고 떠날 수도 있으니 그 위험을 감수해야만 하는 것입니다. 이때 하나님의 고민이 있었을 것입니다. '내가 인간을 참으로 인격적인 존재로 만들고 싶다. 강요하지 않아도 스스로 나를 사랑하는, 나와 교제하는 존재로 만들고 싶다. 로봇처럼 만들고 싶지는 않은데 어떻게 해야 할까.'

이 고민을 잘 표현한 시가 있습니다. 윌리엄 톰슨이

'하나님이 사람에게 자유의지를 주시면서 어떤 생각을 하셨을까?'를 묵상하며 시를 썼습니다. 제목은 "하나님의 심정"입니다.

자유로운 우주, 나로부터 자유로운 우주를 만들면 어떨까?
나의 신성을 가리고, 피조물들이 자유롭게 살게 하면 어떨까?
그래도 그 피조물들이 나를 사랑할까?
나를 사랑하도록 프로그램을 입력하지 않아도
피조물들이 자발적으로 사랑할까?
내가 피조물에게 자유를 주면, 악이 세상에 찾아오는
위험을 감수해야 할 텐데
그들은 나의 뜻에서 멀리 떠날 수도 있겠지.

자유의지를 가진 인간, 그래서 혼돈과 공허와 흑암이 아직 남아 있는 인간의 마음 상태. 인간은 이제 스스로 결정해야 합니다. 하나님을 받아들임으로써 혼돈과 공허와 흑암을 극복하고 하나님과 교제할지, 아니면 하나님을 거부하고 혼돈, 공허, 흑암 속에서 살아갈지 정해야 합니다. 그래서 인간은 특별한 존재입니다. 자발적 결정으로 하나님을 사랑하면 마음의 혼돈과 공허와 흑암이 사라지고 그 자리에 질서와 충만과 광명이 들어옵니다. 그렇게 되면 우리의 마음은 하나님이 보시기에 좋은 것이 됩니다. 우리를 향하신 하나님의 뜻이 이루어지는 것입니다.

혼돈과 공허와
흑암을 몰아내려면

아담이 타락하면서 어떤 일이 일어납니까? 자기가 스스로 주인이 됩니다. 그러다 보니 하나님이 아담을 통해 이루고자 하셨던 계획과 꿈이 수포로 돌아갔습니다. 그 결과가 지금까지 이어져 왔습니다.

우리가 사랑하는 사람을 만나 결혼해서 자녀를 낳았습니다. 자녀를 참 사랑하여 우리 마음속에 자녀가 꽉 찼습니다. 그런데 우리 마음이 어떤 상태입니까? 혼돈과 공허와 흑암이 가득한 상태입니다. 그러니 그 사람이 자녀를 향해 내리는 판단이나 결정이 혼돈과 공허, 흑암의 영향을 받을 수밖에 없습니다. 그 상태에서 계속 자녀에게 이래라저래라 하니까 복잡해지는 것입니다. 자녀를 향한 하나님의 계획에 차질이 생기는 것입니다. 내가 주체가 되어 마음이 원하는 일을 하는데, 그 마음이 혼돈과 공허 그리고 흑암이 있는 상태이니 문제가 됩니다.

그런데 한번 생각해 보겠습니다. 내가 힘이 없고 영향력이 작으면 그나마 괜찮습니다. 그런데 내가 막강한 권력이 있습니다. 한 나라를 호령하고 세상 곳곳에 영향력을 끼치는 사람입니다. 그런 내가 내 마음대로 지도하고 통치하면 혼돈과 공허와 흑암이 세상으로 뿜어져 나옵니다. 푸틴, 시진핑, 히틀러 같은 사람들이 그랬습니다. 이런 사람들이 그 마음속에 있는 혼돈과 공허, 흑암을 뿜어내다 보면 온 세상을 혼돈과 공허, 흑암으로 만들 수 있습니다. 따라서 권력이 크면 클수록 마음의 혼돈과 공허, 흑암을 해결해야 합니다. 그렇지 않다면 차라리 힘이 없고 무능한 것이 낫습니다.

아우구스티누스는 말했습니다.

"죄인이 스스로를 옳다고 하는 것은 불의다. 잘못된 것이다. 그리고 '이것이 하나님의 뜻일 것이다'라고 하는 생각도 우상이다. 왜냐하면 그 거울이 찌그러져 있기 때문이다."

마치 무엇과 같은가요? 술 취한 사람들이 아무리 똑바로 걷고 싶어도 비틀거릴 수밖에 없는 것과 같습니다. 취한 사람은 말합니다.

"왜 이리 길이 울퉁불퉁하냐?"

그렇지만 길이 울퉁불퉁한 것이 아닙니다. 자기가

비틀거리는 것입니다. 우리 마음도 그렇습니다. 마음 자체가 병들어 있으니 행하는 모든 것이 빗나갑니다. 죄가 됩니다. 인간이 스스로 하나님을 영접하기 전까지는, 다시 말해서 하나님의 빛이 우리 마음에 들어와 혼돈과 공허와 흑암을 몰아내기 전까지는 인간의 마음이 완전해지지 않습니다.

··· 하나님의 영은 수면 위에 운행하시니라 |창 1:2|

여기서 '운행하다'라는 말은 원문에서 '암탉이 알을 품는 모습'을 의미합니다. 즉 하나님이 이 땅을 창조하시면서 그 대상에 품으신 뜻이 있다는 것입니다. 하나님은 나를 향해 뜻을 가지고 계십니다. 내가 어떤 사람이 되고, 어떤 사명을 감당하기를 바라고, 하나님 앞에 어떤 모습으로 서기를 바란다는 하나님의 뜻이 알처럼 품어져 있다는 것입니다. 그것이 이루어지려면 우리 마음이 그 뜻을 받아들이고 혼돈과 공허와 흑암이 물러가게 해야 합니다. 그래야 하나님이 보시기에 좋은 모습이 됩니다. 하나님의 뜻이 성취됩니다. 그렇지 않으면 엉망이 되고 맙니다.

인간의 마음은 그 실체를 알 수 없습니다. 왜냐하면

혼돈하고 공허하며 흑암이 깊은 곳이기 때문입니다. 그래서 예레미야 선지자도 마음을 두고 "만물보다 거짓되고 심히 부패한 것"이라고 했습니다. 그러면서 "누가 이를 알리요마는"이라고 했습니다. 인간의 마음, 그 실체를 누가, 어떻게 알겠습니까? 인간의 마음이 왜 심히 부패하고 거짓된지를 어떻게 설명하겠습니까? 창조주이신 하나님의 입장에서 보지 않으면 인간 마음의 실체를 아무도 알 수 없습니다.

이사야는 하나님과 우리 마음의 거리감을 이야기합니다.

> … 이 백성이 입으로는 나를 가까이 하며 입술로는 나를 공경하나 그들의 마음은 내게서 멀리 떠났나니 … | 사 29:13 |

이스라엘 사람들은 이 말을 이해하지 못했습니다. 우리가 언제 하나님을 멀리했느냐고, 우리가 그동안 하나님께 얼마나 제사를 많이 드리고 성전 문이 닳도록 드나들었는데 왜 우리 마음이 하나님을 섬기지 않았다고 말하는 거냐면서 선지자들을 때려죽입니다. 인간은 자신을 그렇게 모릅니다. 하나님의 빛이 들어가기 전까지는 자기 마음이 이렇게 혼돈하고 공허하고 어두운지를 모르는 것입니다. 세상이 짐작하는 마음과 하나님의 시각으로 바라보는 마음의 정의가 이렇게 다릅니다.

해결책은 무엇입니까? 내 속에 하나님만 모시는 것입니다. 그럴 때 내 마음의 혼돈과 공허와 흑암이 물러가고 질서와 충만과 광명이 생겨납니다. 그 결과, 나를 통해 이루시려는 하나님의 뜻이 이루어집니다.

어릴 때 드라큘라 영화를 본 적이 있습니다. 영화에서 드라큘라가 나타나면 어떻게 물리치나요? 십자가를 내밀면서 "물러가라!" 말합니다. 마찬가지입니다. 내 마음이 드라큘라와 같습니다. 내 마음의 드라큘라를 몰아내려면 어떻게 해야 합니까? 십자가를 내밀면서 "물러가라!" 해야 합니다.

"주님, 나는 죽었습니다. 주님의 십자가의 공로로 이 마음을 씻어 주시옵소서. 내 마음의 혼돈과 공허를 씻어 주시고 주님으로 내 마음을 꽉 채워 주시옵소서" 하고 기도해야 합니다. 그럴 때 우리 마음에 하나님이 들어오셔서 주인 노릇 하는 혼돈과 공허와 흑암을 몰아내십니다. 하나님에게 올바로 반응하는 마음으로 되돌려 주십니다. 그럴 때 우리 마음은 뒤죽박죽 혼란스럽지 않고 하나님의 뜻을 이 땅에 드러내게 될 것입니다.

주님, 나는 죽었습니다.

주님의 십자가의 공로로

내 마음의 혼돈과 공허를 씻어 주시고

주님으로 내 마음을 꽉 채워 주시옵소서.

기도

하나님 아버지,

자유의지를 가진 우리의 마음은

하나님께 드려지기 전까지

혼돈과 공허와 흑암의 영역에 머물게 됩니다.

우리 마음의 실체를 분명히 알게 하시고,

우리 마음이 주님의 십자가 앞에 죽게 하소서.

그래서 우리 마음에 하나님이 들어오셔서

혼돈과 공허와 흑암을 몰아내 주소서.

우리 마음이 하나님으로만 채워져서

하나님의 창조의 능력으로 새롭게 되게 하소서.

우리가 주님께서 주시는 참된 마음으로

살아가게 하소서.

묵상 질문

1

하나님이 인간을 인격적으로 창조하시며
우리에게 주신 힘은 무엇인가요?

_____

_____

_____

2

아담이 타락하면서 일어난 일은 무엇인가요?
그리고 사람의 마음은 어떤 상태가 되었나요?

_____

_____

_____

3

오늘 나의 마음은 어떠한가요? 만약 마음이
복잡하고 공허하다면 어떻게 해야 할까요?

_____

_____

_____

chapter 2

마음의 위치와 다양성

마음을 어디에 두느냐에 따라
인생이 달라진다

¹ 그는 허물과 죄로 죽었던 너희를 살리셨도다 ² 그때에 너희는 그 가운데서 행하여 이 세상 풍조를 따르고 공중의 권세 잡은 자를 따랐으니 곧 지금 불순종의 아들들 가운데서 역사하는 영이라 ³ 전에는 우리도 다 그 가운데서 우리 육체의 욕심을 따라 지내며 육체와 마음의 원하는 것을 하여 다른 이들과 같이 본질상 진노의 자녀이었더니 ⁴ 긍휼이 풍성하신 하나님이 우리를 사랑하신 그 큰 사랑을 인하여 ⁵ 허물로 죽은 우리를 그리스도와 함께 살리셨고 (너희는 은혜로 구원을 받은 것이라) ⁶ 또 함께 일으키사 그리스도 예수 안에서 함께 하늘에 앉히시니 ⁷ 이는 그리스도 예수 안에서 우리에게 자비하심으로써 그 은혜의 지극히 풍성함을 오는 여러 세대에 나타내려 하심이라

에베소서 2장 1-7절

마음이 하나님께
가지 못하는 이유

많은 사람이 질문합니다.

"우리 마음은 어디에 있습니까? 마음의 위치가 어디입니까?"

여기에는 크게 두 가지 이론이 있습니다. 첫째, 마음이 우리 가슴에 있다고 생각하는 이론이 있고, 둘째, 뇌(머리)에 있다고 생각하는 이론이 있습니다. 요즘엔 둘 중에서 후자가 더 힘을 얻고 있습니다. 뇌의 기능이 활성화된 결과 마음이 나타난다는 것이지요. 다시 말해 뇌는 마음이라는 소프트웨어를 돌리는 하드웨어라는 것입니다.

재미있게도 같은 질문으로 한국, 일본, 미국에서 조사해 보면 사람들의 평균적인 대답이 다르다고 합니다. 우리나라 사람들은 약 70퍼센트가 마음이 가슴에 있다고 답한답니다. 일본은 응답자의 50퍼센트는 마음이 가슴에, 50퍼센트는 뇌에 있다고 답한답니다. 미국 사람들은 70퍼센트 정도가 마음이 뇌에 있다고 생각한답니다.

성경은 우리 마음의 위치가 어디에 있는지, 가슴인지 뇌인지 이야기하지 않습니다. 왜냐하면 우리 마음은 육체와는 차원이 다르다고 보기 때문입니다. 오히려 성경은 우리 마음이 몸의 어느 부분에 있는가를 말하지 않고 '우리 마음을 어디에 두어야 하는가?'에 더 중점을 두고 있습니다.

어떻습니까? 과연 우리는 마음을 어디에 두어야 할까요? 이것을 알기 위해서는 먼저 인간이 어떤 존재인지를 알아야 합니다. 인간은 관계적 존재입니다. 영적으로는 하나님과, 육적으로는 세상과 관계를 맺을 수 있습니다. 아담을 생각해 보면 쉽게 이해할 수 있습니다.

하나님이 아담을 창조하시고, 그에게 "…생육하고 번성하여 땅에 충만하라, 땅을 정복하라…"(창 1:28)라고 말씀하셨습니다. 그러니까 아담은 영이신 하나님과 인격적인 관계를 맺을 수 있고, 동시에 물질로 만들어진 세상을 정복하고 다스릴 수 있습니다. 즉 세상과 관계를 맺을 수 있습니다. 이 관계를 삼각형으로 그려 본다면 인간은 하나님과 동시에 세상과도 관계를 맺을 수 있는 중간적 존재입니다.

이처럼 우리 마음은 영과 육, 양쪽과 관계를 맺을 수 있습니다. 그리고 마음은 하나님이 주신 자유로운 결정권, 즉 자유의지를 가지고 어느 쪽과 관계 맺을지를 선택할 수 있습니다. 그런데 우리 마음은 비어 있기 때문에 뭔가로 채우려는 강력한 욕구를 가지고 있습니다. 이

흡인력이 하늘을 향할 수도 있고, 땅을 향할 수도 있습니다. 기본적으로 마음은 영이신 하나님에게로 가려고 하는 갈망이 있습니다. 우리가 하나님의 형상으로 만들어졌기 때문입니다.

그런데 문제가 있습니다. 이 세계가 영적으로 보면 삼층 구조의 세계관입니다. 가장 높은 곳에는 하나님이 계신 천국이 있습니다. 그래서 성경이 천국을 뭐라고 부릅니까? 고린도후서 12장 2절에서 사도 바울이 "셋째 하늘"에 이끌려 갔었다고 말합니다.

맨 위에는 하나님이 계신 하늘, 맨 아래에는 땅이 있습니다. 그 땅 위에 사람들이 살고 있습니다. 그 가운데 공중이 있습니다. 그런데 사탄이 하늘나라에서 쫓겨나서(계 12:7-9) 공중 권세를 잡았습니다(엡 2:2). 그러니까 하나님이 계신 하늘이 맨 위에 있고, 그 밑에는 사탄이 권세를 잡은 공중이 있고, 맨 아래 이 땅에 인간이 있는 것입니다.

여기에서 문제가 발생합니다. 우리 마음은 하나님이 계신 하늘나라를 향하는데, 그 중간에 누가 있습니까? 사탄이 있습니다. 사탄은 공중에서 무엇을 합니까? 우리 마음이 하나님에게로 가지 못하도록 막아 버립니다. 우리 마음은 하나님으로만 만족하며 하나님을 갈망하는데,

사탄은 그 마음을 방해하면서 뭐라고 가르칩니까?

"하나님으로만 만족할 수 있다고? 아냐! 이 세상에서 네가 좋아하는 것만 있으면 얼마든지 만족하고 행복할 수 있어. 하나님은 없어. 하나님 아닌 다른 것을 섬겨도 충분히 행복할 수 있어."

사탄은 이렇게 유혹하면서 우리 마음을 하늘로 올라가지 못하게 막고 자꾸만 땅으로 향하게 합니다.

땅의 것으로
마음을 채우는 사람들

우리는 이런 하늘과 땅의 메커니즘을 잘 모릅니다. 그러나 영적으로는 언제나 일어나는 일이 있습니다. 예를 들어 보겠습니다. 어떤 무신론자가 갑자기 이런 생각을 하게 되었습니다.

"영원한 세계가 정말 있을까? 하나님이라는 분이 진짜 존재할까?"

이렇게 마음이 하늘을 향해 열리는 순간, 사탄이 급하게 그에게 다가갑니다. 그리고 이렇게 말합니다.

"점심 먹고 와서 생각해 보면 어때?"

그 사람은 시계를 보며 자리에서 일어납니다.

"어, 벌써 점심시간이네. 밥 먹고 와서 생각하자."

그가 바깥으로 나와서 보니 수많은 차와 사람들이 바삐 움직입니다. 그런 사람들에 뒤섞여 그는 걸어갑니다. 그때 사탄이 이렇게 말합니다.

"이거 봐. 우리 인생이, 먹고살기가 얼마나 바쁘고 정신없는데, 한가하게 영원한 세계 같은 걸 고민해서 뭐하니?"

사탄의 속삭임에 사람은 이렇게 화답합니다.

"그래, 이렇게 바쁜 세상에 그런 비현실적인 생각을 할 시간이 어디 있어? 그냥 열심히 돈이나 벌자!"

그 순간 그에게 열렸던 영적인 기회가 닫혀 버리고 맙니다. 마귀는 손뼉을 치며 외칩니다.

"성공했다!"

C. S. 루이스의 책 《스크루테이프의 편지》에 나오는 이야기입니다.

이러한 사탄의 영적인 공격은 우리가 깨닫지 못하는 가운데 아주 집요하고 교묘하게 이루어집니다. 많은 사람이 여기에 넘어갑니다. 그래서 우리 마음이 하늘로 올라가지 못한 채 이 땅에 매입니다. 이 땅에 몰입합니다. 결국 인간은 사탄의 속임수에 넘어갔고, 인류가 타락하게 되었습니다.

이 땅에 몰입하며 살아가는 사람들은 하나님으로만 채울 수 있는 마음의 공간을 땅의 것들로 채우며 살아가게 되었습니다. 이 세상이 전부라고 생각하며 살아가는 것입니다. 그래서 땅을 바라보며 땅의 것으로 만족하고, 땅의 상급을 기대합니다. 우리 마음이 육신의 정욕과 안목의 정욕과 이생의 자랑(요일 2:16)에 몰두하게 되는 것입니다. 그리고 그렇게 사는 것이 옳다고 생각하게 되었습니다. 그것이 체질이 되어 버렸습니다.

이것이 성경에서 말하는 죄입니다. 죄에 빠져 있지만 죄인지도 모른 채 완전히 세상적인 사람으로 살아가는 것입니다.

> 여호와께서 이르시되 나의 영이 영원히 사람과 함께하지 아니하리니 이는 그들이 육신이 됨이라 … | 창 6:3 |

사람들이 하나님의 영과 전혀 교통할 수 없는 존재가 되었습니다. 그들의 마음을 하나님께 전혀 드리지 않게 되면서 육신이 되고 말았습니다. 여기서 '육신'이란 단어를 직역하면 '고깃덩이'라는 뜻입니다. 하나님과 교제하는 능력을 상실한 사람에게 하나님이 붙여 준 별명입니다.

"고깃덩어리들, 말하고 생각하고 일하는 고깃덩어리들!"

이렇게 말하니까 인간에게 아무 능력도 없는 것처럼 들립니까? 아닙니다. 육신뿐인 인간들이라고는 해도 생각이 없지 않습니다. 때로는 지, 정, 의의 능력을 가진 유능한 사람들도 있습니다. 그들은 결혼해서 아빠 엄마가 되고, 사업도 하고, 철학도 하고, 예술도 하고, 정치도 하고, 학문적으로 연구해서 노벨상도 받습니다. 그러나 하나님과 교통하는 능력은 없어졌습니다.

왜 그럴까요? 공중에서 막아 버렸고, 거기에 속아 넘어가서 그렇습니다. 그래서 세상이 전부라고 생각하며 살아갑니다. 그들을 창조하시고, 그들과 교통하기를 원하시는 하나님을 인정도 하지 않고 거부합니다. 그들은 오직 세상에서 마음의 기쁨과 만족을 얻으려고 합니다. 세상성에 매몰된 것입니다. 오직 이 땅만 바라보며 하나님과는 완전히 담을 쌓은 사람, 하나님을 느끼지도 못하고 인정하지도 않고, 오직 이 땅에 묶인 사람들이 된 것입니다.

이런 사람들을 "육에 속한 사람"(고전 2:14)이라고 합니다. 육체 주도적 인간이라는 말입니다. 그들의 마음은 완전히 이 땅에 몰입해 있습니다.

하나님의 특단 조치,
예수님

사탄에게 속아서, 하나님을 떠나 이 땅에만 몰두하고 있는 사람들에게 성경은 뭐라고 합니까?

> ² 그때에 너희는 그 가운데서 행하여 이 세상 풍조를 따르고 공중의 권세 잡은 자를 따랐으니 곧 지금 불순종의 아들들 가운데서 역사하는 영이라 ³ 전에는 우리도 다 그 가운데서 우리 육체의 욕심을 따라 지내며 육체와 마음의 원하는 것을 하여 다른 이들과 같이 본질상 진노의 자녀이었더니 | 엡 2:2-3 |

이들은 허물과 죄로 죽은 상태입니다. 그래서 아무것도 할 수 없습니다. 이 세상이 다인 줄 알고 세상만 바라보며 살아가고 있습니다. 인간은 완전히 사탄의 권세 아래서 신음하고 있습니다.

이렇게 되자 하나님은 하나님에 대해 죽은 그들을 살리기 위해 특단의 조치를 취하십니다. 하나님과 인간

사이를 차단하고 있는 사탄의 공중 권세를 뚫어 버리기로 하십니다. 그래서 하나님의 아들인 예수님이 육신이 되어 이 땅에 오셨습니다. 다시 말하면 인간과 하나님 사이에 막혔던 공중을 뚫고, 하늘에서부터 땅으로 고속도로가 생긴 것입니다.

그는 허물과 죄로 죽었던 너희를 살리셨도다 | 엡 2:1 |

하나님은 왜 이런 일을 하셨을까요? 4절에 답이 있습니다. "긍휼이 풍성하신 하나님이 우리를 사랑하신 그 큰 사랑을 인하여", 즉 사랑 때문입니다. 하나님은 하나님의 형상으로 지어진 인간이 죄 때문에 하나님을 떠나서 공중 권세를 잡은 사탄에게 붙들려 비참한 모습으로 살아가는 것을 보시고 너무나 안타까우셨습니다. 그래서 우리를 향한 그 크신 사랑 때문에 이 땅에 그 아들을 사람으로 보내셨습니다. 예수님이 이 땅에 와서 어떤 일을 하셨습니까?

이르시되 때가 찼고 하나님의 나라가 가까이 왔으니 회개하고 복음을 믿으라 하시더라 | 막 1:15 |

예수님은 복음을 전하셨습니다. 이제 때가 찼다고, 거짓에 속아서 살아가던 시절은 끝났다고, 하나님 나라가 가까이 왔다고, 이 세상이 전부가 아니라 저 위에 하나님의 나라가 있다고, 삼층 하늘의 존재와 실상을 우리에게 가르쳐 주십니다. 그러면서 우리가 얼마나 존귀한 사람들인지 일깨워 주십니다. 우리가 이 땅이 아니라 하늘에 속한 자들이라는 사실을 깨닫게 하십니다. 그리고 이제는 하늘에서 온 예수님을 믿고 따르라고 초청하십니다.

수고하고 무거운 짐 진 자들아 다 내게로 오라 내가 너희를 쉬게 하리라 | 마 11:28 |

예수님은 우리를 위해 십자가에서 죽으시고 부활하셨습니다. 그리고 승천하셨습니다. 우리도 말씀을 듣고, 믿고, 나도 십자가에 죽었다고 고백하면 예수님을 따라서 부활합니다. 그러면 예수님과 함께 하늘로 올라갑니다. 공중을 뚫고 내려오셨던 그 길로 올라가는 것입니다. 예수님이 내려오셨던 그 길이 이제 이 땅에서 천국으로 진입해 들어가는 고속도로가 되는 것입니다.

그래서 우리는 예수님을 믿고 영접하면, 내가 십자

가에 죽으면(갈 2:20) 예수님과 연합하여 예수님을 따라 하나님 우편에 올라가게 됩니다. 이것이 에베소서 2장 5-6절 내용입니다.

> 5 허물로 죽은 우리를 그리스도와 함께 살리셨고 (너희는 은혜로 구원을 받은 것이라) 6 또 함께 일으키사 그리스도 예수 안에서 함께 하늘에 앉히시니 | 엡 2:5-6 |

이 본문에 예수님과 '함께'라는 말이 두 번 나옵니다. 예수님과 함께 죽고, 부활하고, 승천하고, 하나님 보좌 우편에 앉게 하셨다고 말합니다. 우리의 육체가 그렇게 된다는 말이 아니고, 나의 본질인 마음이 그렇게 된다는 말입니다.

이것은 우리 힘으로는 절대 되지 않습니다. 십자가의 능력을 믿고 그리스도와 함께 죽으면 됩니다. 그러면 우리는 예수님과 함께 부활합니다. 그럴 때 공중 권세를 뚫고 예수님과 함께 하나님 보좌 우편에 앉게 됩니다. 십자가를 통과하지 않고는 공중의 권세 잡은 마귀의 유혹에서 벗어날 수 없습니다. 보좌 우편에 앉는 것이야말로 인간이 누려야 할 하나님이 계획하신 모습입니다.

하나님으로 마음을
채우는 사람들

우리가 예수 안에서 함께 하늘 보좌 우편에 앉게 되면 어떻게 될까요?

이는 그리스도 예수 안에서 우리에게 자비하심으로써 그 은혜의 지극히 풍성함을 오는 여러 세대에 나타내려 하심이라 | 엡 2:7 |

우리는 이 땅에서 하나님의 뜻을 드러내는 도구로 살아가게 됩니다. 예수님을 영접하고, 예수님과 함께 십자가에 죽었다고 고백하는 사람들의 마음은 하나님의 보좌 우편으로 갑니다. 그들의 마음은 하늘에 있습니다. 마음을 하나님께 두고, 하나님으로 자기 마음을 꽉 채웁니다. 그들을 가리켜 신령한 사람(고전 3:1), '영 주도적(영적인) 인간'이라고 합니다.

이런 사람들은 몸이 세상에 있지만 마음은 언제나 하나님을 의식합니다. 다윗이 그랬습니다. 다윗이 사울에게 쫓겨 동굴에 숨었을 때, 사울이 용변을 보러 그 동굴로 들어왔습니다. 사울이 눈치채지 못하고 무방비 상태에 처하자 다윗의 부하들이 사울을 죽이자고 합니다.

그런데 다윗은 그 순간 하나님을 의식합니다. 보이지도, 들리지도 않지만 영이신 하나님께 반응합니다.

다윗은 "사울은 밉지만 결국 그도 하나님이 세우신 사람이 아닌가. 하나님이 세운 자를 내가 죽일 수 없다"고 하면서 하나님께 반응합니다(삼상 24:6). 이게 바로 하나님을 의식하는 마음, 영성입니다. 영성이 그의 인격 안에서 작동하는 것입니다. 이는 그의 마음이 하나님께 올라가 있기 때문에 가능합니다.

한편, 교회에 아주 잘 다니는데도 십자가에 자기를 죽이지 못하는 사람이 있습니다. 마음이 하늘 하나님께 가 있지 않습니다. 그런데 이 땅의 육체에 만족하지도 않습니다. 그럴 때 어떤 속임수가 작동할까요? 여기서 종교성이 나옵니다.

영성은 하나님으로 만족하는 마음입니다. 세상성은 세상으로 만족하는 마음입니다. 그런데 종교성은 세상을 가지고 싶어서 하나님의 이름을 부르는 마음입니다. 하늘이 아닌 세상을 목적으로 하면서 신의 이름을 부릅니다. 이 세상 것을 가지려고 초월자를 동원합니다. 자기는 신의 이름을 부르기 때문에 영적이라고 생각하지만, 사실은 잘못된 영에 속는 것입니다. 아주 무서운 일입니다. 고상한 것 같지만 사실은 하나님과 관계가 없는, 그러면서도 고상한 것으로 착각하는 아주 무서운 상태가 종교성이며, 이런 사람들을 '혼 주도적 인간'이라고 합니다.

정리하면 이렇습니다. 우리 마음이 십자가를 따라서 죽고 부활하여 하나님 우편에 가 있습니까? 그렇다면 '영 주도적 인간'입니다. 사탄의 속임수에 빠져 오직 세상이 전부인 줄 알고 살아가면서 그 마음을 땅에 두고 있습니까? 세상에 빠져 있습니까? 그렇다면 '육체 주도적 인간'입니다. 십자가 앞에서 자기를 죽이지 않았으므로 하늘로 올라가지도 못하고, 이 세상에 속했으면서도 하나님을 부르면서 스스로 하나님께 속했다고 속고 있습니까? 여전히 마음이 공중에 있는 그들을 '혼 주도적 인간'이라고 합니다.

이처럼 우리는 마음을 어디에 두느냐에 따라 다양한 모습으로 구별됩니다. 그렇다면 어떻게 영성을 성장시킬 수 있을까요? 구약에서는 진실한 제사를 통해서 성장시켰습니다. 제사란 무엇입니까? 세상을 향한 마음을 죽이는 것입니다. 그런데 제사가 변질되었습니다. 내가 원하는 세상의 것을 더 많이 받으려는 수단이 되었습니다. 그래서 하나님이 그런 제사를 드리지 말라고 질책하신 것입니다.

구약의 제사를 현대어로 바꿔 말하면 '예배'입니다. 우리는 영적인 예배를 드리면서, "세상을 향한 내 마음을 십자가에 못 박겠습니다. 나는 십자가에 죽었습니다"라고 고백해야 합니다. 그럴 때 예수님과 연합하게 되고 예수님과 함께 십자가를 통해 내 마음이 하늘로 올라갑니다.

주기도문은 "하늘에 계신 아버지"로 시작합니다. 우리 마음을 오직 하늘에 계신 아버지께 두어야 합니다. 우리 마음의 지향점이 하늘이어야 한다는 의미입니다. 날마다 마음을 하나님께 드리는 삶, 그래서 영 주도적 인간이 되어 하나님의 축복의 통로가 되길 축원합니다.

기도

하나님 아버지,

사람들은 마음의 위치가 어디에 있는지

가슴에 있는지 머리에 있는지로 논쟁합니다.

그러나 하나님은 마음을 어디에 두느냐에 따라

전혀 다른 인간이 된다고 하셨습니다.

우리 마음을 하늘에 두게 하소서.

하나님으로 만족하며,

하나님의 은혜를 세상에 나타내는

영 주도적 인간으로 살게 하소서.

날마다 하늘나라를 호흡하기 위하여

살아 있는 예배를 드리도록

주님, 우리에게 은혜를 베풀어 주소서.

묵상 질문

1

우리 마음이 관계를 맺을 수 있는 대상은 무엇인가요?
그러므로 마음은 어디를 향할 수 있나요?

_____

_____

_____

2

예수님의 십자가와 부활은
우리 마음에 어떤 영향을 주었나요?

_____

_____

_____

3

우리는 어떻게 '영 주도적 인간'이 될 수 있을까요?

_____

_____

_____

마음의 크기와 마음채움

하나님으로 가득 채워야
모든 문제에서 자유롭다

우리가 무슨 일이든지 우리에게
서 난 것같이 스스로 만족할 것
이 아니니 우리의 만족은 오직
하나님으로부터 나느니라

고린도후서 3장 5절

무엇으로도 마음을
채울 수 없다

미국의 빌리 그레이엄(Billy Graham) 목사가 어느 날 하버드대학교 총장에게 물었습니다.

"요즘 학생들의 가장 큰 문제점이 뭐라고 생각하십니까?"

총장은 잠시 생각하더니 이렇게 말했습니다.

"공허감이지요. 꿈 많은 젊은이들, 다 이룬 것처럼 보이는 그들의 마음속이 텅 비어 있습니다."

헤밍웨이(Ernest M. Hemingway)는 《노인과 바다》에서 인생을 이렇게 묘사했습니다.

아주 노련한 한 어부가 오랫동안 물고기를 잡지 못했다. 사람들은 그를 비웃었고, 이 노인은 어떻게 해서라도 물고기를 잡고 싶었다. 그러던 어느 날 노인은 먼 바다까지 나가게 되었고, 마침내 엄청나게 큰 물고기가 걸렸다. 그는 물고기와 치열한 싸움을 한 후에 낚아 올렸다. 지금까지 잡았던 물고기 중 가장 컸다. 노인은 그 물고기를 배에 묶고 행복한 마음으로 돌아오는데, 갑자기 상어 떼가 피 냄새를 맡고 달려들기 시작했다. 그는 상어 떼를 쫓기 위해서 있는 힘을 다했으나 역부족이었다. 결국 그 물고기는 상어 떼에게 다 뜯어 먹히고 말았다. 앙상한 뼈만

가지고 항구로 돌아온 노인은 무척 피곤했다. 그는 집에 돌아가 깊이 잠들었다.

인생이란 뭔가를 얻기 위해 몸부림치지만, 그래서 아무리 대단한 것을 얻었다 해도 결국에는 남는 것 없이 공허하다는 말입니다. 결국 헤밍웨이는 노벨상 수상자라는 영광의 자리에 올랐음에도 "나는 필라멘트가 끊어진 전구처럼 고독하다"면서 스스로에게 권총을 쏴 생을 마감했습니다.

공허감은 실패한 인생에 찾아드는 감정이 아닙니다. 정반대로 성공한 사람들, 모든 것을 가져 본 사람들이 공허감을 더 잘 느낍니다. 우리는 왜 공허감을 느끼는 걸까요? 가진 것이 없어서일까요? 아닙니다. 마음은 엄청나게 큰데, 그 공간을 채우려는 흡인력은 엄청나게 강한데, 채울 길이 없기 때문입니다.

우리는 공허의 본질을 알아야 합니다. 처음에는 뭔가로 채우면 된다고 생각합니다. 가진 것이 없을 때는 채우려고 노력합니다. 인생에서 많은 업적도 이룹니다. 가질 만큼 가져 봅니다. 가져 보면 그제야 깨닫습니다. 세상에서 많은 것을 가져도 마음은 채워지지 않습니다. 여전히 너무 허전합니다. 이것이 인생인가 싶어집니다.

마음의 공허감을 견디지 못하는 것입니다. 공허감만 느끼는 것이 아닙니다. 공허감이 커지면 두려워집니다.

철학자 파스칼은 《팡세》에서 이렇게 말했습니다.

이 무한한 우주 공간의 영원한 침묵이 나를 두렵게 한다.

우주가 두려운 것은 그 끝을 알 수 없을 정도로 넓기 때문입니다. 그러나 사실은 우주 공간이 우리를 두렵게 하는 것이 아닙니다. 우리 마음의 빈 공간이 두려움과 불안과 공허의 근원입니다. 채워지지 않는 그 혼돈과 공허, 흑암이 우리 마음속에 있기 때문에 두려운 것입니다. 파스칼은 자기 마음을 무한한 우주 공간에 투사해서 말한 것입니다.

끝없이 넓은 우주, 그 엄청난 공간이 너무도 크고 무서우니 사람은 어떻게 합니까? 그 큰 우주를 토막토막 잘게 부수는 작업을 합니다. 큰 것을 잘게 부수면 무섭지 않을 거라고 생각한 것입니다. 그래서 카오스(chaos, 혼돈)의 우주를 코스모스(cosmos, 이해 가능한 질서 있는 우주)로 바꿔 놓습니다. 우주를 이해할 수 있는 영역으로 끌어들이는 것이 학문입니다. 규정과 공식을 만들고, 이해하고 통제하려고 합니다. 그런데 아무리 연구해도 공허는 알 수도, 이길 수도 없습니다. 그래서 파스칼은 고민합니다. 그리고 마침내 그는 예수님을 영접합니다. 그리고 이렇게 고백합니다.

인간에게는 하나님으로만 채울 수 있는 공간이 있다.

과연 인간의 마음은 그 크기가 어느 정도일까요? 주먹만 할까요? 집채만 할까요? 아닙니다. 우리 마음은 무엇을 가져도 만족함이 없을 만큼 큽니다.

… 우리의 만족은 오직 하나님으로부터 나느니라 | 고후 3:5 |

우리의 만족은 인간의 어떤 것으로부터 오는 것이 아닙니다. 하나님으로부터 옵니다. 다시 말하면 이 세상의 모든 것을 가져도 인간은 만족을 못 합니다. 오직 하나님만이 우리 마음을 채우실 수 있습니다.

다시 우리 마음의 크기 이야기로 돌아가 봅시다. 그래서 우리 마음의 크기는 얼마만 할까요? 하나님으로만 채울 수 있을 만큼 큽니다.

많은 사람이 질문합니다.

"인생이 왜 이렇게 허무하지?"

그러면 어떤 사람들은 알량한 지식으로 조언합니다.

"인생은 원래 허무한 것이다."

정말 그럴까요? 아닙니다. 인생이 허무하다 느껴지는 것은 우리 마음이 비어 있기 때문입니다. 그러면 또 이렇게 말하는 사람도 있을 것입니다.

"아닌데요, 다 채웠어요. 가질 만큼 가졌다고요!"

맞습니다. 채웠지요. 이 세상 모든 것으로 채웠습니다. 그러나 마음은 그런 것으로 차지 않습니다. 지식을 넣고, 명예를 넣고, 돈을 넣고 또 넣어도 채울 수 없습니다. 이 세상의 어떤 것, 아무리 귀한 것도 무용지물입니다. 마음이 하나님으로만 채울 수 있을 만큼 크기 때문입니다.

솔로몬은 세상에서 모든 것을 가져 본 왕입니다. 세상 모든 부와 명예를 가져 보았고, 하고 싶은 모든 것을 누리고 해보았습니다. 그러나 그가 노년에 어떠한 고백을 했습니까? "헛되고 헛되며 헛되고 헛되니 모든 것이 헛되도다"(전 1:2). 그는 왜 그렇게 헛되다고 했을까요? '해 아래에서의 삶'을 살았기 때문입니다(전 1:3). 하나님이 아닌 것으로 채워 보려고 했기 때문입니다. 왕이나 재벌이나 인기 스타라고 할지라도 허무를 느끼는 이유는 권력과 물질과 인간의 박수갈채로도 마음을 채울 수 없기 때문입니다.

마음챙김,
불완전한 해결책

'허무'란 철학적으로 '이것보다 더 나은 뭔가가 있다'는 뜻입니다. 다시 말하면 내가 권력을 얻었는데도 허무하다면, 권력보다 더 나은 것이 있다는 뜻입니다. 그것이 뭘까요? 하나님입니다. 그러므로 무엇으로도 허무하다 느껴지면 그것보다 더 나은 것, 하나님으로 채우면 됩니다. 허무를 느끼는 것은 무엇이 부족해서가 아닙니다. 마음의 공허를 그것으로 채울 수 없기 때문에 나타나는 현상입니다.

그렇다면 하나님이 없는 사람들은 어떻게 이 공허와 허무를 극복할까요? 그들은 마음을 다스리기 위해 어떤 일을 합니까? 불교에서는 아주 오래전부터 '마음챙김'이라는 수련을 해왔습니다. 마음챙김이 무엇인지 예를 들어 보겠습니다.

어느 날 젊은 스님이 아주 명망이 높은 노스님 한 분을 찾아갔습니다. 그런데 젊은 스님이 보기에는 이 노스님이 그리 대단한 수행을 하는 것 같지 않았습니다. 노스님과 식사를 함께할 수 있게 되었을 때, 젊은 스님은 노스님에게 질문했습니다.

"스님, 요즘도 수행하고 계십니까?"

"물론이지요. 열심히 수행합니다."

"어떤 수행을 하고 계시나요?"

"밥 먹을 때는 밥만 먹고, 잠 잘 때에는 잠만 자고, 똥 쌀 때에는 똥만 쌉니다."

노스님의 대답에 젊은 스님은 어이가 없어서 "아니, 그게 수행입니까?" 하고 물었습니다. 그러자 노스님이 대답했습니다.

"그럼 스님은 밥 먹을 때 밥만 먹습니까?"

젊은 스님은 이 질문을 받고 말문이 막혔습니다. 자기는 밥 먹을 때에 밥만 먹어 본 적이 없었던 것입니다. 밥 먹을 때도 머릿속은 복잡해서 이 생각, 저 생각, 오만 가지 생각을 했습니다. 어떻게 해야 신도들이 더 많이 공양할 수 있는지, 이번 겨울을 어떻게 보낼 것인지, 속세에 남아 있는 가족은 어떻게 지내고 있는지, 별의별 생각을 다 하면서 밥을 먹었습니다. 그제야 젊은 스님은 밥 먹을 때는 밥만 먹고, 잠 잘 때는 잠만 자는 것이 대단한 수행이라는 사실을 깨달았습니다.

마음챙김이 대중적으로 유명해진 것은 틱낫한 스님 덕분입니다. 베트남 출신의 불교 지도자인데, 그는 이 마음챙김을 'mindfulness'라고 해서 '어떤 일을 할 때 그것 하나만 집중해서 생각하라'고 강조했습니다. 내가 지금 걷고 있다면 걷는 데에만 집중하고, 밥 먹을 때에는 밥 먹는 데에만 집중하라는 것입니다.

요즘은 불교의 영향을 받아서인지 심리학에서도 마음챙김을 연구하고 그 효과를 증명하고 있습니다. 한 가지만 생각하는 것이 왜 이렇게 중요할까요?

예를 들면 돈 때문에 문제가 생겼습니다. 부도나기 직전입니다. 그 일만 생각하면 골치가 아프고 미칠 지경입니다. 죽고 싶습니다. 그런데 여기서 벗어나려면 어떻게 해야 할까요? 내가 지금 하는 일에 집중하는 것입니다. 내가 지금 걷고 있다면, 걸으면서 '어디서 돈을 끌어오나? 부도난 것을 어떻게 처리해야 하나? 아이들 공부는 어떻게 시키나?' 하는 생각을 하지 말라는 것입니다. 만약 내가 산길을 걷고 있다면 '산길을 걸으니 좋다, 단풍이 아름답구나, 바람이 참 시원하구나, 내 발이 낙엽을 밟는구나!' 하고 걷는 데에만 집중하라는 것입니다. 그러면 어떻게 될까요? 돈 문제를 잊어버리겠지요. 문제에서 잠깐이나마 벗어날 것입니다. 그렇게 되면 숨을 쉴 수 있다는 것입니다.

　이렇게 마음을 챙기면 어떤 효과가 나타날까요? 근심 걱정을 잠깐 멈추는 행동은 대단한 효과가 있다고 합니다. 일단 스트레스에서 벗어납니다. 죽으려 했던 마음을 고쳐먹을 수 있습니다. 마음을 조절할 수 있고, 한 번 더 생각할 수 있습니다. 그 결과 새로운 대안이 나오고 창조성이 생겨납니다. 건강에도 유익합니다. 그래서 많은 기업이 사원들에게 마음챙김 프로그램을 권장하고 있습니다.

　그러나 마음을 챙긴다고 그 문제가 없어집니까? 걷기에 집중한다고 해서 돈 문제가 해결됩니까? 없어지지 않습니다. 잠깐 잊을 수는 있습니다. 그러나 그게 전부입니다. 즉 마음챙김의 한계는 발생한 문제를 결코 해결할 수 없다는 것입니다. 이것은 하나님 없이 살아가는 사람들이 할 수 있는 최고의 방법일 뿐입니다. 그저 잠깐 내 마음을 진정시키는 정도의 대안일 뿐, 참된 해결책이 아닙니다.

　이것은 마치 무엇과 같습니까? 물에 빠져 떠내려가던 사람이 중간에 잠깐 지푸라기를 붙잡은 것과 같습니다. 지푸라기를 잡고 있는 잠깐은 떠내려가던 속도가 늦춰질 수 있습니다. 숨을 한번 돌릴 수는 있어요. 그런데 그 지푸라기도 물결의 힘을 이길 수 없습니다. 그래서 결국 다시 떠내려가는 것과 같습니다. 그러므로 마음챙김이 대단한 것 같지만 불완전한 해결책입니다.

마음채움, 이것이 답이다

그렇다면 인간에게 이것 이상의 방법이 있을까요? 없습니다. 하나님이 없는 세상에서 마음의 위로와 만족을 위해서 몸부림쳐 보지만, 이것이 전부입니다. 우리 마음은 마음챙김으로 해결되지 않습니다. 그래서 사람들은 "원래 인생이 이렇다. 텅 빈(空) 것이다. 그 공허를 채울 길이 없다"고 말하며 자위합니다. 정말 그렇습니까? 아닙니다. 우리에게는 공허를 채울 유일한 방법이 있습니다. 진정한 해결책이 있습니다.

마음의 공허를 채우기 위해서는 마음챙김이 아니라 '마음채움'으로 나아가야 합니다. 그 비결이 무엇입니까? 바로 하나님으로 내 마음을 채우는 것입니다. 우주보다 크신 분, 그 하나님으로 내 마음을 채우면 놀라운 일이 일어납니다. 조금 전에는 돈 문제가 죽을 만큼 인생의 큰 문제였지만, 하나님 앞에서 하찮은 문제가 됩니다. 얼마든지 극복할 수 있는 문제가 됩니다. 내가 하나님의 능력을 믿고 그 문제를 맡길 때 하나님이 개입하셔서 해결해 주시는 것입니다.

하나님으로 마음을 채우는 방법

하나님으로 마음을 채우는 구체적인 방법이 무엇일까요? 내 마음에 하나님을 모시는 방법은 무엇일까요? 호흡할 때를 예로 들어 봅시다. 우리가 공기를 많이 들이마시려면 이미 들어와 있는 공기를 끝까지 뱉어 내야 합니다. '하-' 하고 숨을 끝까지 내쉬어 폐를 비워야 합니다. 그러면 자연히 빈 공간으로 공기가 들어갑니다.

우리 마음을 하나님으로 채우는 방법은 먼저 내 마음속에서 하나님이 아닌 것을 다 빼내 버리는 것입니다. 그러려면 십자가 앞에서 내가 죽었다고 고백해야 합니다. 그럴 때 이전에 내 마음을 채웠던 그 모든 것과의 관계가 끊어집니다. 그것이 이제 내 마음을 채울 수 없게 됩니다. 돈이면 될 줄 알았습니까? 그런데 돈으로 안 됩니다. "돈에 대해 내가 십자가에서 죽었습니다" 하고 고백해야 합니다. 그러면 그 돈과 나와의 관계가 끊어집니다. 그 돈이 내 마음을 채울 수 없다고 고백했기 때문입니다.

십자가에서 예수님과 함께 죽으면, 죽음으로 끝나지 않습니다. 예수님과 함께 부활해서 승천하고, 하나님 보좌 옆에 앉게 됩니다. 그래서 하나님 앞에 서는 것입니다. 그럴 때 우리 마음은 하나님으로 채워집니다. 이제 하나님과 결합된 내가 그 문제를 바라보게 됩니다. 그 문제가 하나님 손으로 들어가는 것이지요. 그래서 하나님으로 마음을 채우면 모든 것이 해결되는 것입니다. 무엇이 없어서, 어떤 상황 때문에 인생이 허무한 것이 아닙니다. 돈이 없어서도 아니고, 사랑하는 사람이 떠나서도 아닙니다. 하나님으로 채워지지 않았기 때문에 우리 인생이 허무한 것입니다. 여기서 질문해 볼 수 있습니다.

"하나님은 왜 우리 마음에 그런 공간을 만드셔서 하나님 없이는 허무할 수밖에 없게 하셨는가?"

그것이 우리를 향하신 하나님의 절절한 사랑입니다. 우리에게 당신을 주겠다고 하시는 고백입니다. 내 안으로 들어오셔서 영원히 사랑의 교제를 나누며 행복하자는 것입니다. 그러려고 만드신 것이 우리의 마음인데, 그 마음에 하나님 대신 이 세상의 어떤 것으로 채우려고 하면 되겠습니까? 허무해지는 것입니다. 불안하고 두렵고 낙심하는 것입니다.

얼마나 많은 사람이 혼돈과 공허, 허무와 불안, 염려와 두려움 속에 빠져 있습니까? 그 숫자를 셀 수도 없습니다. 인생의 허무, 공허 그리고 두려움과 불안과 같은 감정의 원인은 마음의 엄청난 크기와 그것을 채우려는 갈망 때문입니다. 어떤 것으로도 채울 수 없는 공백, 갈망은 정말 처절합니다. 우리 힘으로는 어떤 방법으로도 해결할 수 없습니다. 방법은 딱 하나, 하나님으로 그 텅빈 마음, 무섭게 큰 그 마음의 공간을 채워야 합니다.

그러므로 "우리 마음은 너무나 커서 하나님으로만 채울 수 있다"는 사실을 아는 것이 얼마나 놀라운 일인지 모릅니다. 이것을 몰라서 너무나 많은 사람이 그 마음을 채우기 위해 오늘도 있는 힘을 다해 헛된 방향으로 달려갑니다. 그러나 결코 채워지지 않아서 통곡합니다. 그러나 하나님은 우리에게 이것을 가르쳐 주셨습니다. 하나님으로만 우리 마음을 채워야 한다는 것을 알게 하신 것이 은혜입니다.

새찬송가 411장 〈아 내 맘속에〉에 이런 가사가 있습니다.

아 내 맘속에 참된 평화 있네

주 예수가 주신 평화

시험 닥쳐와도 흔들리지 않아

아 귀하다 이 평안함

누가 우리에게 평화를 줍니까? 예수님이 주십니다. 인생에 아무 문제가 없어서 평안합니까? 아닙니다. 시험이 닥쳐와도 우리 마음에 하나님이 계시면 상황과 아무 관계 없이 평안합니다. 기쁩니다. 주님이 내 마음에 계시면 됩니다. 주를 떠나서는 방법이 없습니다.

다른 것으로 내 마음을 채우려고 하지 마세요. 십자가 앞에서 죽었음을 고백하고 하나님으로 마음을 채우십시오. 더 나가서 이 복음을 전하세요. 인간의 마음이 어떤 것인지를 말해 주고, 그 마음을 채울 수 있는 분은 나를 창조하신 하나님뿐이라고 전하십시오. 많은 이웃에게 십자가 앞에 나와서 하나님으로 마음을 채운 행복한 사람들이 되라고 전하는 우리가 되기를 바랍니다.

마음챙김이 아니라

'마음채움'으로 나아가야 합니다.

하나님으로 내 마음이 채워지면

놀라운 일이 일어납니다.

하나님 앞에서 문제가 하찮아집니다.

기도

하나님 아버지,

정말 많은 사람이 자기 마음의 공간을

세상 것으로 채우려고 몸부림치고 있습니다.

그러나 하나님으로만 채울 수 있다는 것을

우리에게 가르쳐 주서서 감사합니다.

우리 마음속에 하나님 아닌 것을 다 몰아내고

하나님으로 꽉 채워서

충만한 마음으로 살게 하소서.

묵상 질문

1

사람들이 공허 혹은 허무를 느끼는
이유는 무엇인가요?

_____

_____

_____

2

하나님으로 마음을 채우는
구체적인 방법은 무엇인가요?

_____

_____

_____

3

마음채움을 통해 공허감을 이겨낸
경험이 있다면 함께 나눠 봅시다.

_____

_____

_____

chapter 4.

마음의 구조와 지향점

내 마음의 지성소에는
하나님만 계시는가

¹⁶ 너희는 너희가 하나님의 성전인 것과 하나님의 성령이 너희 안에 계시는 것을 알지 못하느냐 ¹⁷ 누구든지 하나님의 성전을 더럽히면 하나님이 그 사람을 멸하시리라 하나님의 성전은 거룩하니 너희도 그러하니라

고린도전서 3장 16-17절

마음의 구조는
성전의 구조와 같다

어떤 건물을 보면 그 용도를 어느 정도는 짐작할 수 있습니다. 특별히 건물의 구조를 잘 살펴보면 이 건물을 왜 지었는지, 목적과 용도가 무엇인지, 주택용인지, 사무용인지, 아니면 공장을 위한 것인지 지향점을 알 수 있습니다. 그리고 그 구조대로 사용할 때 그 건물을 가장 효과적으로 이용할 수 있습니다.

우리 마음도 그렇습니다. 마음의 구조를 잘 살펴보면 하나님이 왜 우리 마음을 이렇게 만드셨는지, 우리는 어떻게 살아야 하는지를 알 수 있습니다. 인간이 지어진 목적이 무엇인지, 하나님이 추구하시는 것이 무엇인지 그 지향점을 알 수 있습니다. 그래서 우리는 인간 마음의 구조를 살펴 볼 필요가 있습니다.

성경은 인간을 크게 셋으로 구분합니다. 영과 혼과 육입니다(살전 5:23). 그러면 마음은 영과 혼 중에서 어디에 해당할까요? 혹은 이것과는 다른 어떤 것일까요? 일반적으로 기독교에서는 영과 혼을 합해서 '마음'이라고 말합니다. 믿음이 없는 사람은 '영혼육'이라는 말을 잘 안 씁니다. 그냥 육체와 마음으로만 구분합니다. 그러니까 넓은 의미로 마음은 영과 혼을 종합하는 개념이라고 생각하면 이해하기 쉬울 것입니다.

그렇다면 마음의 구조는 어떻게 알 수 있을까요? 고린도전서 3장 16절에 보면 "너희는 너희가 하나님의 성전인 것과 하나님의 성령이 너희 안에 계시는 것을 알지 못하느냐"라고 말합니다. 우리가 하나님이 거하시는 성전의 구조를 가졌다는 뜻입니다.

성전은 크게 세 부분으로 이루어져 있습니다. 지극히 거룩한 공간인 지성소, 그리고 성소, 마지막으로 성전 마당이 있습니다. 지성소는 우리의 영, 성소는 우리의 혼, 성전 마당은 우리의 육체에 해당합니다. 그런데 성소와 지성소는 덮개로 싸여 있어서 내부가 보이지 않습니다. 겉에서 보면 성전은 성막과 뜰만 보입니다. 그 성막 전체가 마음입니다. 그 성막을 들춰야 비로소 성소와 지성소가 보입니다. 우리 몸과 마음도 그렇습니다. 겉으로는 육체만 보입니다. 그러나 그 안을 들춰 보면 성소와 지성소처럼 혼과 영, 두 영역으로 구분되어 있음을 알 수 있습니다.

헬라 사람들도 인간의 마음이 두 개라고 생각했습니다. 마가복음 12장 30절에 "네 마음을 다하고 목숨을 다하고 뜻을 다하고 힘을 다하여 주 너의 하나님을 사랑하라"고 하는데, 여기서 마음을 나타내는 용어가 네 개 등장합니다. 우리말로는 '마음' '목숨' '뜻' '힘'으로 번역했습니다. 과연 무엇을 말하는 것일까 한번 상상해 봅시다.

아주 큰 원이 하나 있습니다. 그 밑에 작은 원 하나가 붙어 있습니다. 이 두 개의 원이 이어져 있고, 그 사이에 서로 통하는 문이 있습니다.

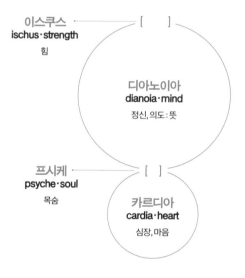

이스쿠스
ischus·strength
힘

디아노이아
dianoia·mind
정신,의도:뜻

프시케
psyche·soul
목숨

카르디아
cardia·heart
심장,마음

마가복음 12장 30절에서 말하는 '마음'은 헬라어로 '카르디아'(cardia, heart)인데, 그리스인들은 이 단어를 '신체의 기관인 심장' 또는 '감정을 느끼거나 사고하는 영역'을 지칭할 때 썼습니다. 바로 이 작은 원이 '카르디아'입니다. 큰 원과 작은 원을 연결하는 출입구의 이름은 헬라어로 '프시케'(psyche, soul)이고, 성경은 이것을 '목숨'으로 번역했습니다. 그리고 큰 원의 이름은 헬라어로 '디아노이아'(dianoia, mind)입니다. 이 말은 '정신, 의도' 등을 지칭할 때 썼고, 이것을 '뜻'이라고 번역했습니다. 그리고 이 큰 원의 맨 위에도 출입구가 있는데, 이것의 이름이 '이스쿠스'(ischus, strength)이고, 이것을 '힘'으로 번역했습니다. 그러니까 예수님이 말씀하신 "네 마음을 다하고 목숨을 다하고 뜻을 다하고 힘을 다하여"는 '네 영과 혼의 모든 것을 다하여' 즉 '너의 모든 것, 너의 온 맘을 다하여'라는 말입니다.

성소와 지성소의 관계

다시 성전의 구조로 돌아가 봅시다. 지성소와 성소에 해당하는 것이 우리의 영과 혼, 즉 마음이라고 했습니다. 그렇다면 지성소가 하는 일은 무엇입니까? 지성소는 성막의 가장 안쪽에 위치하는, 그야말로 성전의 핵

심 공간입니다. 지성소 안에는 단 하나만 있습니다. 바로 법궤입니다. 이 법궤 속에 십계명 돌판이 있습니다. 십계명 돌판에는 하나님의 말씀이 새겨져 있습니다. 보이지 않는 하나님이 보이는 말씀의 판으로 구체화되어 들어 있는 것입니다. 그러니까 십계명은 하나님의 임재를 상징합니다.

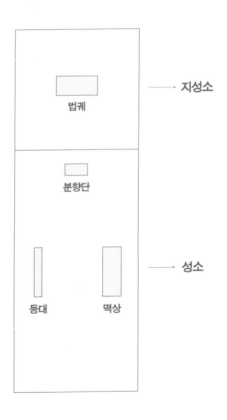

법궤   지성소

분향단

등대   떡상   성소

지성소는 앞서 말한 큰 원과 작은 원 중 작은 원이고, 영과 혼 중에서는 영에 해당합니다. 그렇다면 우리 마음의 지성소에는 무엇이 있을까요? 내가 가장 가치 있다고 생각하는 것이 지성소에 들어가 있습니다. 따라서 마음의 지성소는 내가 가장 사랑하는 것, 내가 정말 최고라고 믿는 것이 무엇인지를 결정하는 곳입니다. 내 마음 전체를 무엇으로 채울 것인가를 마음의 지성소, 곧 영이 결정합니다.

그렇다면 성소의 역할은 무엇일까요? 성소에는 세 가지가 들어 있습니다.

첫째, 분향단입니다. 지성소에 가장 가깝게 놓여 있는 것이 분향단입니다. 분향단은 향을 피워 놓는 곳입니다. 하루에 두 번, 아침과 저녁에 향을 피우는데, 절대로 끄면 안 됩니다. 분향단은 기도를 상징합니다. 기도란 내 소원과 갈망을 하나님께 아뢰는 것입니다.

둘째, 떡상입니다. 하나님이 우리에게 먹을거리를 주시는 분임을 상징합니다. 떡은 먹고 배부른 것입니다. 그러므로 성소에 무엇을 들여놓았느냐에 따라서 내 마음의 배부름이 결정됩니다. 마음의 배부름이 만족입니다.

셋째, 등대입니다. 정확하게 말하면 등잔을 올려놓은 받침대를 말합니다. 어두운 곳에 등불을 켜서 밝게

비추는 것입니다.

성소는 앞서 말한 큰 원과 작은 원 중 큰 원이고, 영과 혼 중에서는 혼에 해당합니다. 이 마음의 성소도 하는 일이 있습니다. 지성소가 선택한 것을 내 마음에 채우기 위해 지정의를 발휘해서 활동하는 곳이 성소입니다. 다시 말하면 성소의 역할은 지성소의 역할에 종속됩니다.

성소의 분향단, 떡상, 등대 그리고 지성소가 배치된 순서에도 이유가 있습니다. 우리 마음, 즉 우리 영과 혼의 구조와 지향점을 보여 주는 것입니다. 성전의 지성소에는 법궤 딱 하나만 들어 있습니다. 이것은 마음의 지성소 안에도 역시 하나님만 계셔야 한다는 의미입니다.

그런데 여기서 잊지 말아야 할 것이 있습니다. 법궤의 뚜껑을 뭐라고 부르는지 아십니까? 천사 둘이 법궤 뚜껑을 바라보고 있는데, 그 공간을 '속죄소'라고 부릅니다. 인간의 죄를 속해 주는 곳이 왜 가장 거룩한 지성소 안에 있을까요? 사실 죄는 번제단에서 사해집니다. 그런데 법궤의 뚜껑을 속죄소라고 말하는 이유는, 이곳에 하나님 말고 다른 것이 들어오면 죄이기 때문입니다. 한마디로 이렇게 말할 수 있습니다.

"마음의 지성소에 하나님 아닌 다른 것이 들어가면

그것이 죄다."

나의 가장 깊은 영 속에는 하나님만 들어가 있어야 합니다.

그런데 하나님만 계셔야 할 우리 마음의 지성소에 내가 하나님보다 소중히 여기는 다른 여러 가지가 들어갈 수 있습니다. 때로는 자녀이고, 물질이고, 권력입니다. 그게 무엇이든 하나님 대신 지성소에 들어오면 죄입니다. 성전을 더럽히는 것입니다.

누구든지 하나님의 성전을 더럽히면 하나님이 그 사람을 멸하시리라 하나님의 성전은 거룩하니 너희도 그러하니라
| 고전 3:17 |

성전을 더럽히면 안 됩니다. 성전은 거룩해야 합니다. 우리 영 안에는 하나님만 계셔야 합니다. 우리의 주인은 오직 하나님뿐이어야 합니다. 이것이 거룩함입니다. 지성소에 법궤가 있고, 법궤 안에 십계명 돌판만 있는 것처럼, 내 마음의 지성소에도 하나님만 계시는 것. 그것이 하나님이 원하시는 인간의 올바른 모습입니다.

영이 선택한 것을 따라
혼이 움직인다

마음의 성소, 즉 성소가 하는 일은 무엇일까요? 세 가지 일을 합니다. 분향단은 기도를 상징하는데, 이것은 소원과 갈망을 뜻한다고 했습니다. 이것은 지정의(知情意)로 말하면 의지(意志)를 말합니다. 떡상은 먹고 배부른 것이요, 만족을 의미한다고 했습니다. 이것은 지정의에서 감정(感情)을 말합니다. 등대는 우리 앞을 밝힙니다. 즉 분별과 판단을 의미합니다. 지성(知性)을 말합니다. 다시 말하면 지성소가 결정한 것을 얻기 위해 지정의를 작동시켜 그것을 성취하는 것이 혼의 역할입니다.

내 영에 하나님이 계실 때, 내 혼은 하나님을 갈망(분향단)하고, 하나님으로 만족(떡상)하고, 하나님의 뜻을 찾고 분별하고 알아낸다(등대)는 것입니다. 이렇게 혼은 영에게 종속되어 활동합니다. 그러니까 영이 결정한 것을 얻기 위해 혼이 작동되는 것입니다. 그래서 성전의 구조를 이해하면 우리 영과 혼의 관계를 정확하게 알 수 있습니다.

그런데 지성소에 하나님만 들어가는 것이 아니라 자기가 생각하기에 가장 가치 있는 것이 들어가면 어떻게 될까요? 예를 들면 '나는 돈이 세상에서 가장 귀하다고 생각한다. 돈만 있으면 만족하고, 행복할 수 있다. 돈을 벌 수만 있다면 나는 어떤 일이라도 할 수 있다'고 생각한다면 그 사람의 최고 가치는 돈입니다. 그의 지성소에는 돈이 들어간 것입니다. 그렇다면 혼은 어떻게 될까요? 자연스럽게 돈에 따라 움직입니다. 돈을 소원합니다. 오직 돈을 갈망하는 것입니다. 그리고 돈이 있을 때에야 비로소 만족합니다. 다른 것으로는 만족하지 못합니다. '어떻게 하면 돈을 벌 수 있을까?'만 생각하고, 방법을 찾아내고 판단합니다.

돈만이 아닙니다. 어떤 사람은 자녀가, 재물이, 명예가, 권력이, 지식과 학문이, 사람들의 인정이 마음의 지성소에 들어갑니다. 그러면 혼은 어떻게 될까요? 원리는 똑같습니다. 앉으나 서나 그것을 소원하고 갈망합니다. 그것으로 만족하고 기뻐합니다. 그걸 얻으려면 어떻게 해야 하는지, 무엇이 도움이 될지 방법을 찾아내고 판단합니다. 그러니까 혼은 영이 선택한 것을 바라고, 만족하고, 그것을 얻기 위해 최선의 방법을 판단하고 찾아냅니다. 그것을 얻으려고 몸부림치는 것입니다. 그러니까 인간은 영이 선택한 것을 따라 살아가는 존재입니다.

예를 들어 봅시다. 어느 날 아브라함의 마음 안에 이

삭이 파고들었습니다. 하나님보다 이삭이 아브라함을 더 행복하게 하고, 기쁘게 하고, 만족을 주었습니다. 아브라함은 모릅니다. 겉으로는 하나님의 말씀을 읽고 순종하며 제사를 드리고 있으니까 지금 자기 안에서 무슨 일이 일어나고 있는지 눈치 못 챕니다. 그러나 하나님이 볼 때는 이삭이 아브라함의 마음의 지성소에 들어갔습니다. 이것이 죄입니다. 그러자 하나님이 아브라함에게 어떻게 하라고 하셨나요? 이삭을 제물로 바치라고 합니다. 이삭을 아브라함의 마음의 지성소에서 빼내라는 것입니다.

신앙은 마음의 지성소에서
하나님 아닌 것을 빼내는 것이다

올바른 신앙생활이란, 하나님을 제대로 믿는 것이란 내 마음의 지성소에서 하나님 외의 것을 빼내는 것입니다. 오직 그곳에 하나님만 계시게 하는 것입니다. 그것이 우리 영의 올바른 위치입니다. '나는 하나님을 믿는데 왜 이렇게 고난이 많은가?' 이 문제로 고민하는 분이 많습니다. 고난은 내 마음속에 하나님이 아니라 다른 것이 들어가 있기 때문에 시작합니다. 그것이 내 인생에 별것 아니라는 사실을 깨달아야 합니다.

어떤 사람이 돈을 최고의 가치로 여기며 살아왔습니다. 그가 돈이 최고의 가치가 아니라는 것을 알려면 돈 문제가 생겨야 합니다. 그래서 고생도 하고, 힘든 과정을 거치면서 '아, 돈이 전부가 아니구나'를 깨달아야 합니다. 다른 가치도 마찬가지입니다. '자식이 인생의 전부가 아니구나' '권력이 다가 아니구나'를 깨달아야 합니다. 그러려고 고난이 닥치는 것입니다. 즉 고난은 하나님 아닌 것을 우리 마음의 지성소에 두었을 때 그것을 뽑아내는 과정입니다.

하나님은 왜 우리 마음의 지성소에서 하나님이 아닌 것을 뽑아내려고 하실까요? 그래야만 우리와 하나님의 관계가 올바르게 되고, 그래야만 하나님과 함께 영원히 살 수 있기 때문입니다. 그것이 인간에게 가장 행복한 길이기 때문입니다. 그래서 우리를 사랑하는 하나님은 우리 마음의 지성소에 하나님 아닌 다른 것이 들어 있으면 끝까지 뽑아내려 하십니다. 영적 싸움의 본질은 내 마음의 지성소에서 하나님 아닌 것들을 빼어 버리는 것입니다.

구약에서 말하는 성전의 역할과 내용이 간단하다고

생각했습니다. 그런데 간단한 것이 아닙니다. 먼저 인간을 성전과 비교하고, 성전의 구조를 통해 마음의 구조를 설명합니다. 그리고 '우리가 어떻게 살아야 하는가?' '하나님이 원하시는 인간의 올바른 모습이 무엇인가?' '왜 우리는 그렇게 살지 못하는가?' '무엇이 죄인가?'를 정확하게 보여 줍니다.

'네 마음의 지성소, 즉 너의 영 속에는 하나님만 계셔야 한다. 다른 어떤 것도 들어가서는 안 된다. 네 마음의 주인이 하나님이시기 때문이다. 그럴 때 네 혼도 하나님을 갈망하고, 하나님으로 만족하고, 하나님의 뜻이 무엇인가를 찾고 분별하며 하나님과 교통하는 삶을 살아갈 수 있다'는 것을 보여 줍니다.

어떤 사람은 말합니다.

"나는 하나님을 가장 소중한 분이라고 인정합니다. 내 영 속에, 내 마음의 지성소에 하나님 한 분만 모셨다고 믿습니다. 그런데 왜 나는 하나님만으로 충만하지 않을까요? 다른 것에는 가치를 두지 않는데, 왜 충만한 느낌이 들지 않을까요?"

돈을 마음에 집어넣었어도 돈을 벌어야 합니다. 마찬가지로 하나님이 내 마음의 지성소에 계셔도 내가 하나님으로 충만하려면 하나님과의 교제와 사귐이 있어야 합니다. 돈을 벌려면 돈과 교제하고 사귀는 시간이 길어야 합니다. 평생 돈을 벌기 위해 얼마나 많은 시간을 투자합니까? 왜 돈 버는 시간은 아깝지가 않은데 말씀 읽고 기도하는 시간은 아까울까요?

피아노를 좋아하는 사람은 그것으로 성공하기 위해 하루 꼬박 연습합니다. 그것도 모자라 꿈에서도 피아노를 친다고 합니다. 권력은 어떤가요? 그 권력을 얻기 위해 얼마나 몸부림치며 노력합니까? 자존심도 다 내려놓고 세상 앞에 굴복하지 않나요? 자녀를 얻으려고 하는 노력도 대단합니다. 하나님도 마찬가지입니다. 하나님을 모셨다고 해도 하나님을 더 깊이 느끼고 충만해지려면 하나님과 교제하는 시간을 많이 가져야 합니다.

하나님은 우리 마음의 구조를 왜 이렇게 만들어 놓으셨을까요? 우리 영이 하나님만 사랑해야 인간으로서 기능할 수 있기 때문입니다. 인간의 삶은 단순합니다. '마음의 지성소에 무엇을 들여놓았는가?'에서 모든 것이 정해집니다. 그것을 갈망하고, 만족하고, 얻는 방법을 찾아내며 한평생을 사는 것입니다. 내 영이 좋아하는 것을 얻으려고 살아가는 것입니다. 그런 의미에서 우리 혼은 영을 지향점으로 살아갑니다. 영이 우리의 삶을 이끌어가는 것입니다.

내 마음의 지성소에 있는 법궤와 성소에 있는 세 가지 물건 상태가 어떤지 보입니까? 이것이 보이면 내 영이 건강한지 아닌지 알 수 있습니다. 내 영과 혼의 관계를 이해하면 우리가 무엇을 지향점으로 삼아야 하는지도 알 수 있습니다. 내 영 안에 하나님만 모시고 사는 것, 그것이 우리가 나아가야 할 지향점입니다. 언제나 이렇게 살아갈 수 있기를 축원합니다.

기도

하나님 아버지,

마음의 구조를 바로 알고,

그 구조대로 살게 하소서.

우리 마음이 원래 하나님이 계획하셨던

바로 그 모습이 되게 하소서.

마음의 지성소에 하나님 아닌 다른 것들이

들어가 있다면 다 빼버리게 하소서.

그래서 우리 마음이

하나님만을 향하게 하소서.

묵상 질문

1

성전의 구조를 설명해 보세요.

_____

_____

_____

2

마음의 지성소에 계셔야 하는 분은 누구인가요?
그 외에 다른 것이 들어가 있는 것을 무엇이라 하나요?

_____

_____

_____

3

우리 마음의 지향점은 무엇인가요?
이를 위해 우리는 어떤 노력을 해야 할까요?

_____

_____

_____

chapter 5

마음의 기능과 상호관계

세상 생각이 빠져야

하늘나라가 가까워진다

¹그러므로 형제들아 내가 하나님의 모든 자비하심으로 너희를 권하노니 너희 몸을 하나님이 기뻐하시는 거룩한 산 제물로 드리라 이는 너희가 드릴 영적 예배니라 ²너희는 이 세대를 본받지 말고 오직 마음을 새롭게 함으로 변화를 받아 하나님의 선하시고 기뻐하시고 온전하신 뜻이 무엇인지 분별하도록 하라

로마서 12장 1-2절

하늘과 땅이 만나는 곳, 성전

어떤 사람이 꽃을 키우게 되었습니다. 이왕이면 오랫동안 건강한 꽃으로 키우고 싶어서 전문가를 찾아가 물었습니다.

"어떻게 하면 꽃을 잘 키울 수 있나요?"

전문가가 말합니다.

"물과 비료를 잘 주면 됩니다."

그는 전문가의 말대로 열심히 물을 주고, 비료도 주어 영양이 부족하지 않게 했습니다. 그런데 꽃이 계속 시들시들하지 뭡니까? 결국 꽃은 죽고 말았습니다. 왜 그렇게 되었을까요? 알고 보니 이 사람이 물과 비료는 잘 주었는데, 햇빛과 바람이 없는 곳에서 꽃을 키웠던 것입니다. 열심히 노력은 했지만 꽃 키우는 법을 반밖에 몰랐습니다. 방향이 잘못되었습니다. 그래서 식물이 오래 살지 못하고 말았습니다.

우리의 신앙생활도 그렇습니다. 잘 해보려고 애를 쓰는데 방향을 잘못 잡아서 신앙생활이 어려워지는 경우가 많습니다. 그렇다면 신앙생활에 실패하는 이유가 무엇일까요? 가장 큰 이유가 마음 관리를 잘 못해서입니다. 우리는 외적인 행동을 규제하기 위해서 많은 노력을 합니다. 그런데 행동이 마음에서 나온다는 사실은 잘 모릅니다. 행동을 바꾸려면 먼저 마음을 관리해야 하는데 그걸 모르니 실패하는 것입니다. 달라스 윌라드(Dallas Albert Willard)는 "그러므로 행동을 규제하지 말고, 마음의 변혁을 시도하라"고 했습니다. 마음에 관심을 가지고 하나님께 마음을 드리는 작업을 하면 신앙은 엄청나게 성장합니다.

이 시대는 마음에 관해 연구를 많이 합니다. 몸과 마음의 관계성을 알아내서 서로 윈윈(win-win) 하려는 것입니다. 다시 말하면 마음을 통해 몸을 통제하고 건강과 행복을 증진하려고 합니다. 왜냐하면 세상은 우리 몸을 통하여 얻는 행복에 관심이 있기 때문입니다.

그러나 성경은 반대라고 말합니다. 마음을 통해 몸을 유익하게 하는 것이 아닙니다. 하나님은 마음을 통하여 영을 새롭게 하려고 하십니다. 더 정확하게 말하면 마음을 통해서 하나님과 연결하려는 것입니다. 마음을 어떻게 하느냐에 따라서 생명이 왔다 갔다 하기 때문입니다. 육신의 생명만이 아닙니다. 영원한 생명도 좌우됩니다.

하늘과 땅이 맞닿은 것처럼 보이는 곳을 지평선 혹

은 수평선이라고 합니다. 옛날 사람들은 지평선이나 수평선을 볼 때, 그곳 어딘가에 하늘과 맞닿는 지점이 있을 거라고 생각했습니다.

저도 어릴 때 동화책을 읽으면서 이 땅 어딘가 하늘과 맞닿는 곳이 있고, 거기서 하늘로 올라가 보면 좋겠다고 생각했습니다. 그런데 나이가 들면서 그 생각이 틀렸다는 걸 알았습니다. 지구에서 보는 하늘은 세상의 끝이 아니고, 지구는 우주 안에 있는 수많은 행성 중 하나일 뿐임을 알게 된 것입니다. 그래서 한없이 가다 보면 하늘과 만나는 곳이 있을 거라는 생각은 어리석고 순진하다고 치부했습니다.

그런데 신앙이 생기면서 하늘과 땅이 만나는 곳이 있다는 것을 알게 되었습니다. 그 장소를 하나님이 정하셨는데, 바로 성전입니다. 창세기 28장에 보면, 야곱이 브엘세바에서 하란을 향해 가다가 광야에서 잠이 들었습니다. 꿈에 보니 자기가 누운 곳과 하늘 사이에 사닥다리가 있는데, 천사들이 오르락내리락하고, 하늘에서 음성이 들렸습니다.

13 … 나는 여호와니 너의 조부 아브라함의 하나님이요 이삭의 하나님이라 네가 누워 있는 땅을 내가 너와 네 자손에게 주리니 …

¹⁵ 내가 너와 함께 있어 네가 어디로 가든지 너를 지키며 …

| 창 28:13-15 |

꿈에서 깨어난 야곱은 그곳 이름을 '벧엘'(Bethel)이라고 불렀습니다. 히브리어로 '벧'은 '집'을, '엘'은 '하나님'을 뜻하기 때문에 벧엘은 '하나님의 집'이란 뜻입니다. 그러니까 벧엘은 이 땅에 존재하지만 하나님과 만나는 장소입니다. 하나님은 이 땅의 어느 특정한 곳을 선택하시고, 여기에 오면 하나님을 만나러 오는 것으로 여겨 주겠다고 약속하셨습니다. 그곳이 바로 성전입니다.

마음의 성전에서
하나님을 만나려면

앞 장에서 마음의 구조는 성전의 구조와 같다고 했습니다. 마음의 기능 역시 성전의 기능과 같습니다. 성전은 하나님을 만나는 곳입니다. 성전이 보이는 수평선이라면, 마음은 보이지 않는 수평선입니다. 성전에서 어떻게 하나님을 만날 수 있습니까? 제사를 통해서입니다. 제사란 죽음을 전제로 합니다. 내가 죽어 마땅한 죄인임을 고백하면서 하나님을 만나는 것입니다. 그러면 우리가 마음의 성전에서 하나님을 만나려면 어떻게 해야 합니까? 비워야 합니다. 성전이 제사를 통해 하나님을 만나는 곳이라면, 마음은 비움을 통해 하나님을 만나는 곳입니다. 무엇을 비웁니까? 하나님이 아닌 것, 하나님보다 더 사랑했던 마음을 죽여야 합니다. 그럴 때 하나님과 내가 만날 수 있습니다.

작년 여름에 미국에서 지내는 아들에게 가서 함께 시간을 보냈습니다. 아들의 집은 혼자 지내는 곳이라 그리 넓지 않았기 때문에 우리 부부는 며칠 동안 호텔에서 묵었는데, 이래선 안 되겠다는 생각이 들었습니다. 아무리 좁아도 아들과 같이 자며 이야기를 나누고 싶었습니다. 그래서 아들에게 내 생각을 말하니 "그러면 아버지 어머니가 제 침대에서 주무시고, 저는 에어베드를 하나 사서 바람을 넣고 잘게요" 했습니다. 그렇게 에어베드를 하나 사 왔습니다. 박스에서 꺼내 넓게 펼쳐 놓고 스위치를 켜니 바람이 들어가 금세 퀸사이즈 침대가 하나 만들어졌습니다.

아들이 그 위에서 잔다고 하니 조금 걱정이 되어서 자세히 살폈습니다. 제가 먼저 그 에어베드 위에 누워 봤습니다. 생각했던 것보다 높이도 알맞고, 넓고 푹신하니 참 좋았습니다. 잠자기에는 아무 불편함이 없었습니다. 그런데 문득 이런 생각이 들었습니다.

'침대 윗부분을 하늘이라 하고 바닥을 땅이라고 해 보자. 바람이 가득 들어가 있을 때는 하늘과 땅이 멀어지는구나. 반대로 바람이 빠지면 하늘과 땅이 달라붙는다. 내 마음에 세상을 향한 생각이 가득하면 하나님과 나는 멀어지고, 내 마음에서 세상 생각이 다 빠져나가면 그제야 하늘과 땅이 만나는구나. 하늘과 땅이 왜 못 만나는가? 하나님이 안 계셔서? 하나님이 만나 주지 않아서? 아니다. 내 마음이 세상에 대한 바람으로 가득 차 있어서 하나님을 만나지 못하는 것이다. 내 속에서 세상 바람을 자꾸자꾸 빼내야지. 싹 빼내고 하나님과 함께하는 인생을 살아 보리라.'

그런데 문제는 어떻게 내 마음에서 세상의 생각과 바람을 뺄 수 있겠습니까? 해 보신 분은 알겠지만, 에어 베드 공기는 아무리 손으로 겉면을 눌러서 빼려고 해도 완전히 빠지지 않습니다. 힘이 많이 듭니다. 그러면 어떻게 해야 합니까? 공기를 빼 주는 기계가 있습니다. 이 기계를 딱 꽂고 작동시키면 에어베드 안에 든 공기가 순식간에 빠져나가면서 쪼그라듭니다. 급기야는 높고 푹신했던 침대가 윗면과 아랫면이 딱 붙어 한 장의 종이처럼 만들어집니다. 과연 우리 마음에 있던 세상 생각과 바람도 이렇게 쏙 빼내 버릴 기계가 있을까요?

어떤 분이 이런 말을 했습니다.

"목사님, 하나님을 만나고 싶은데 어떻게 하면 만날 수 있습니까?"

누가 이렇게 질문하면 어떻게 답하겠습니까? 어려운 질문이지만 사실 답은 간단합니다. 하나님이 우리와 만나기 위해서 만드신 시스템이 예배입니다. 우리는 예배를 통하여 하나님을 만날 수 있습니다. 그러면 어떻게 예배를 드려야 합니까?

> 그러므로 형제들아 내가 하나님의 모든 자비하심으로 너희를 권하노니 너희 몸을 하나님이 기뻐하시는 거룩한 산 제물로 드리라 이는 너희가 드릴 영적 예배니라 |롬 12:1|

영적 예배, 진정한 예배, 살아 있는 예배를 드려야 하는데, 그 방법은 우리 몸을 산 제물로 드리는 것입니다.

산 제물이란 말은 논리적으로 성립하지 않는 말입니다. 제물은 짐승을 죽여서 바치는 것인데, 어떻게 산 제물이 있겠습니까? 하나님께 예배드릴 때, 우리 몸은 분명히 살아 있습니다. 그러나 제물이므로 반드시 죽는 부분이 있어야 한다는 말입니다. 다시 말하면 내 몸과 의식은 살아 있으나 내 육신의 생각, 내 옛사람은 하나님 앞에 죽어야 한다는 뜻입니다. 그래야 산 제물이 되고, 영적인 예배를 드릴 수 있습니다.

내가 산 제물이 되어 진정한 예배를 드리려면 '내가 죽었다'는 고백이 필요합니다. 다시 말하면 참회의 기도를 잘 드려야 합니다. 그런데 성도들 대부분은 참회의 기도를 제대로 드리지 않습니다. '내가 잘못한 것이 있지'까지만 깨닫고 거기서 멈춥니다. 이것은 지식적인 깨달음입니다. 여기에서 끝나면 삶에서 사죄의 사건이 일어나지 않습니다. 또한 참회의 시간에 지은 죄를 입으로 말하지 않고, 그저 생각만 하거나 뭉뚱그려서 "한 주일 동안 제가 지었던 모든 죄를 용서해 주소서"라고만 형식적으로 기도합니다. 그것은 스스로 속는 것입니다.

만일 내가 누구에게 잘못했는데, '내가 그 사람에게 잘못했지'라고 생각만 한다고 용서받을 수 있습니까? 없습니다. 그에게 가서 "내가 당신에게 큰 잘못을 저질렀습니다. 용서해 주십시오"라고 내 입으로 말해야 합니다. 그러므로 참회의 시간에 해야 할 일은 내가 한 주간 동안 지은 죄를 하나님 앞에 고백하는 것입니다. 십자가의 피로 용서받기를 원한다고 내 입으로 구체적으로 말하고 용서받아야 합니다. 그래야 진정한 제사가 이루어지고, 그 죄가 우리에게서 떨어져 나갑니다. 그 죄를 반복하지 않는 힘을 얻게 되고, 이런 과정을 통해 우리가 더 성결해지는 것입니다. 용서의 은혜를 강력하게 체험하려면 참회의 시간을 통하여 한 주간의 죄를 반드시 씻어 내야만 합니다.

내 생각을 계속 비워 낼수록, 계속 회개할수록, 내가 죽었다고 계속 고백할수록 내 마음은 비워집니다. 그리고 그 비워진 마음속으로 하나님의 임재가 밀려옵니다. 하늘과 땅이 만나는 곳인 성전에서 진정한 제물인 내가 죽는 영적 예배를 드릴 때, 나는 십자가에 죽었다고 고백할 때, 내 마음속에 세상을 향한 생각이 빠져나갑니다. 그리고 바로 그 빈 마음으로 하나님이 오셔서 우리를 만나 주십니다. 그러므로 마음을 다한 예배는 엄청난 것입니다.

내 마음과 예수님의 십자가

하나님은 우리에게 왜 그렇게 죽으라, 죽으라 하시는 걸까요? 왜 그렇게 비우라, 비우라 하실까요? 하나님으로 채워 주려는 것입니다. 위대하고 전능하신 하나님으로 꽉 채워 주기 위해서입니다. 왜냐하면 내 마음에 세상 바람이 꽉 차 있으면 내 마음으로 하나님이 들어오실 수 없기 때문입니다. 그러나 내 안에 있는 세상을 향한 내 생각을 다 죽이면, 하나님이 내 안에 오십니다. 그러면 나는 하나님과 만나게 되고, 하나님은 나를 향한 뜻을 이루실 수 있습니다. 그래서 비우라는 것입니다. 하나님으로 꽉 찬 인생, 하나님으로 배부른 인생을 살라는 것입니다.

이 말은 마음이 천국과 지옥을 만든다는 의미가 아닙니다. 그것은 불교적인 명제입니다. 일체유심조(一切唯心造), 마음이 모든 것을 만들어 낸다는 말입니다. 이 말이 맞습니까? 아닙니다. 마음은 그럴 능력이 없습니다. 다만 마음에서 세상 생각이 빠져나가면 하늘나라가 내 마음속에 이루어집니다. 하늘나라는 내가 만드는 것이 아니고, 하나님이 내게로 오는 것입니다. 하나님과 나를 분리했던 모든 죄와 세상 생각들이 빠져나갔을 때 주님 나라가 임하는 것입니다.

그래서 새찬송가 438장 〈내 영혼이 은총 입어〉 가사에도 이런 말이 나옵니다.

주의 얼굴 뵙기 전에 멀리 뵈던 하늘나라
내 맘속에 이뤄지니 날로 날로 가깝도다 ….

내 마음에 있던 죄 짐을 내려놓을 때 하늘나라가 임합니다.

우리 몸이 성전에 있어도 제대로 제사 드리지 못하면 하나님이 성전을 떠나십니다. 마음이 세상의 것으로 가득 차 있으면 하나님도 우리 마음에 계실 수 없습니다. 내 마음속에서 세상을 내려놓고 십자가에 죽고 하나님만 바라보면 하나님과 접촉하게 됩니다. 그러나 세상에 대한 미련과 애착과 염려와 사랑을 버리지 못하면 하나님이 나와 함께하실 수 없습니다. 그러니 하나님이 나를 떠나실 수밖에 없는 것입니다. 이 모든 과정이 내가 어떤 마음을 갖느냐에 달려 있다는 것을 알아야 합니다.

마음은 마치 커다란 풍선과 같아서 그 안에 바람이 빠져야 하늘과 땅이 가까이 붙을 수 있다고 했습니다. 그러나 바람이 가득 들어가면 하늘과 땅은 멀어집니다.

마음의 상호작용이란 마음속에서 이루어지는 하늘과 땅의 상호 관계를 의미합니다. 마음속에서 세상 생각이 빠져나가는 만큼 하늘나라는 가까워집니다. 반대로 세상 생각으로 꽉 차 있을 때 하늘과 땅은 멀어집니다.

그러니까 하늘이 멀다고 말하면 안 됩니다. 내 마음이 세상 생각으로 꽉 차 있는 것이 문제입니다. 마음을 통하여 내가 있는 이곳을 하늘과 연결된 장소로 만들어 갈 수 있습니다. 이것이 마음의 기능입니다.

그런데 내 힘으로 세상에 대해 죽을 수 있습니까? 내 마음속의 바람을 뺄 수 있습니까? 없습니다. 예수님의 도우심을 받아야 합니다. 내가 십자가에서 죽었다고 고백할 때, 십자가의 능력이 세상을 향한 나의 마음을 죽이고 하나님을 향해 살게 하는 것입니다. 그럴 때 하늘과 땅이 맞닿아 한 점에서 만납니다. 이 성전의 기능이 우리 개인의 마음에서 일어납니다. 참으로 놀라운 비밀입니다.

하늘이 멀리 있는 것도 아니고, 앞으로 오랜 후에 이루어지는 것도 아닙니다. 우리 속에 있는 세상적인 마음을 빼버리면, 오늘 이 시간 바로 여기서 내가 십자가 앞에 죽으면 내 마음이 하나님과 접촉할 수 있습니다. 언제나 내가 산 제물이 되면, 영적 제사를 드리면 오늘도 내 마음에 하나님 나라가 임한다는 사실을 결코 잊지 않고 살아가기를 바랍니다. 이렇게 살다가 죽어서 영원한 천국으로 가게 되는 것입니다.

성전에서 진정한 제물인 내가

죽는 영적 예배를 드릴 때,

나는 십자가에 죽었다고 고백할 때,

내 마음속에 세상을 향한 생각이 빠져나갑니다.

그리고 바로 그 빈 마음으로

하나님이 오셔서 우리를 만나 주십니다.

기도

하나님 아버지,

마음의 기능이 무엇인지 바로 알게 하소서.

내 마음은 보이지 않는 수평선입니다.

내 마음에서 세상의 생각이 빠져나가면

하나님 나라가 임하고,

세상 생각으로 가득하면

하나님 나라는 멀어집니다.

내가 십자가에서 죽은 만큼

내 마음에서 세상 생각이 빠져나갑니다.

그러므로 환경을 탓하지 말고,

십자가 앞에서 잘 죽게 하시고

하나님으로 충만해지게 하옵소서.

이 신비한 메커니즘을 잊지 않게 하소서.

묵상 질문

1

우리가 성경을 통해
마음을 연구하는 이유는 무엇인가요?

_____

_____

_____

2

마음의 기능은 무엇인가요?

_____

_____

_____

3

마음을 비워 냈을 때, 하나님이 채워 주신
경험이 있다면 함께 나눠 봅시다.

_____

_____

_____

chapter 6

마음을 관리하는 방법

마음속 치열한 전쟁터에서 승리하려면

모든 지킬 만한 것 중에 더욱
네 마음을 지키라 생명의 근원이
이에서 남이니라

잠언 4장 23절

'사이(間)가 좋다'는 뜻

'사이가 좋다'는 말이 있습니다. '거리감 없이 친밀하다'는 의미라고 생각하는데, 원래는 그런 뜻이 아닙니다. '사이'는 간격을 말합니다. 어떤 관계든지 적당한 간격이 있어야 한다는 말입니다. '부부 사이가 좋다'는 말이 둘 사이가 거리 없이 딱 붙어 있다는 뜻일까요? 아닙니다. 부부 사이에도 좋은 거리가 있어야 합니다. 그래서 24시간 꼭 붙어 있는 것이 모두 좋은 것은 아닙니다. 두 사람 사이에 마땅히 있어야 할 거리, 지켜야 할 거리를 잘 유지하는 것이 사이가 좋은 것입니다. 아무리 사랑하는 부부라도 완전히 밀착된 사이는 독립적일 수 없습니다. 어느 정도 간격이 있어야 함께하면서도 독립적일 수 있고, 그 사이에서 숨을 쉴 수 있는 것입니다.

좋은 거리는 부모와 자식 사이뿐 아니라, 형제간에도 필요합니다. 친구나 이웃 간에도 마찬가지입니다. 모든 관계에는 서로에게 알맞은 거리가 있습니다. 너무 가깝지도, 멀지도 않게 그 거리를 잘 지키는 것을 두고 '사이가 좋다'라고 할 수 있습니다. 사이가 나빠졌다는 것은 무슨 말입니까? 그 거리를 유지하지 못했다는 것입니다. 너무 멀어졌거나 너무 가까워진 것은 사이가 나빠진 것입니다.

우리 교회 5층 카페에 올라가서 앞에 있는 산을 보면 참 보기 좋습니다. 왜 보기가 좋을까 생각해 봤습니다. 여지없이 적당한 거리 덕분입니다. 앞에 보이는 산의 높이와 수서교회 건물과의 거리가 알맞기 때문입니다. 만약 산이 훨씬 더 높았다면 갑갑하게 보였을 것이고, 더 낮았다면 멀어 보이거나 시시해 보였을 것입니다. 그래서 어떤 산을 볼 때 거리가 좋아야만, 다시 말해 나와 산의 사이가 좋아야만 가장 멋진 모습을 감상할 수 있습니다. 해와 달과 별도 적당한 간격을 유지하기 때문에 질서 있게 움직이고 있는 것입니다.

돈과 사람 사이에도 필요한 거리가 있습니다. 그러므로 우리는 모든 사람과 사물, 더 나아가서 하나님과 사이가 좋아야 합니다. 나와 맞지 않는 사람과는 거리가 멀어야 사이가 좋은 것입니다. 마귀와는 원수가 되는 것이 가장 사이가 좋은 것입니다.

'가장 중요한 사이'는

우리는 마음을 잘 관리하라는 말을 종종 합니다. 그런데 마음을 관리한다는 것이 무엇입니까? 나와 하나님, 나와 세상 사이를 잘 유지하는 것입니다. 그것이 마음을 관리하는 방법입니다. 그렇다면 가장 중요한 사이는 누구와 누구 사이입니까? 모든 관계의 기초가 되는 관계, 그래서 나와 그것과의 차이가 가장 정확해야 하는 것은 누구와의 관계일까요? 바로 나와 하나님의 관계입니다.

모든 것은 상대적입니다. 피조물 관계 안에서는 모든 것이 상대적일 수 있습니다. 피조물 자체가 상대적인 존재니까요. 그러나 문제는 절대적인 존재, 하나님과 우리와의 관계입니다. 이 관계를 바로 할 때 이것이 전체의 균형을 유지해서 다른 모든 것을 제자리로 돌려보냅니다. 나와 하나님과의 관계가 바로 되어 있을 때, 이 세상 모든 것과 나와의 관계가 바로잡히는 것입니다.

어떻게 나와 모든 것 사이를 일일이 다 규정할 수 있겠습니까? 그러나 하나님과 나 사이는 정확하게 잡아야 합니다. 가장 중요한 사이이기 때문입니다. 이 사이를 정확하게 잡으면 나머지는 하나님 안에서 자동으로 맞

쳐집니다. 그것이 놀라운 신비입니다. 따라서 누구든지 1순위는 하나님이어야 합니다. 2순위, 3순위는 사람에 따라 다를 것입니다.

예전에 제가 성도들과 나눴던 "나와 세상 사이에는"(사 18:1-2)이라는 제목의 설교가 있습니다. 여기서 세상은 '나'를 제외한 모든 것을 의미합니다. 부부, 부모, 자녀, 형제, 친구, 사업 등 모든 것이 세상입니다. 나와 세상 사이에는 무엇이 있어야 합니까? 하나님이 계셔야 합니다.

여기에 자전거 바퀴가 하나 있다고 합시다. 바퀴 한 가운데에 축이 있습니다. 축과 바퀴 사이에는 바큇살이 있는데, 자세히 살펴보면 살과 살이 직접 닿지 않습니다. 이쪽 살에서 저쪽 살로 가려면 일단 가운데 축으로 갔다가 다른 살로 가야 합니다. 그러므로 살과 살 사이의 가장 가까운 거리는 가운데 축을 통과하는 것입니다. 이 개념이 중요합니다. 어떤 관계보다도 내가 가장 먼저 관계할 대상은 하나님입니다.

신학적으로 말하면 하나님과 우리 사이는 임마누엘의 관계입니다. 하나님은 언제나 나와 함께하십니다. 늘 내 곁에서 내 말을 들으시고 나를 바라보십니다. 내 생각을 다 아실 뿐 아니라 나보다 나를 더 잘 아십니다. 나보다 나를 더 사랑하십니다. 우리도 곁에 계신 하나님을 바라봐야 합니다. 그분을 사랑하고, 그분께 내 마음을 드려야 합니다. 그렇게 하나님과 언제나 함께하는 것이 임마누엘을 완성하는 것입니다. 내 마음에 다른 것 없이 하나님만으로 꽉 채우고, 하나님을 내 마음의 첫 번째 자리에 모시는 것, 그것이 바로 하나님이 원하시는 관계입니다. 가장 좋은 사이입니다.

이런 의미에서 나와 전혀 거리가 없어야 하는 사이는 하나님 한 분뿐입니다. 예수님이 세상에 계실 때 보여 준 것이 바로 이것입니다. 예수님은 하나님 아버지와 완전한 연합을 이루고 있었습니다. 요한복음 10장 30절에 보면 예수님이 "나와 아버지는 하나이니라"라고 하십니다. 그래서 예수님의 말과 행동은 다 하나님의 뜻을 이루는 것이었습니다.

하나님과 한 세트가 된다면

그렇다면 하나님 이외의 것은 다 소중하지 않고 무가치할까요? 아닙니다. 모든 것이 소중합니다. 내가 가치 있다고 생각하는데, 왜 무가치하겠습니까? 문제는 무엇이 우선이냐 하는 것입니다. 우선순위를 바로 잡아야 합니다. 내가 자식을 사랑하는 것이 왜 나쁘겠습니까? 당연히 사랑해야 합니다. 그런데 어느 정도까지 사랑해야 사이가 좋은 걸까요?

마음속에 그림을 하나 그려 봅시다. 나와 하나님을 한 세트로 묶는 것입니다. 내가 하나님과 연합한 상태로 자녀를 사랑하는 것은 좋습니다. 하나님 안에서 자녀를 사랑할 수 있고, 자녀도 나를 보면서 하나님의 뜻을 알게 되기 때문에 이러한 자녀 사랑은 아름답습니다. 배우자를 사랑할 때도 나와 하나님이 연합한 상태로 하면 좋습니다. 남편은 하나님의 사랑 안에서 아내를 바라보게 됩니다. 아내도 마찬가지입니다. 또한 나와 하나님이 한 세트로 연합해서 사업을 하고 돈을 법니다. 좋을까요, 나쁠까요? 이것 또한 좋은 것입니다. 하나님의 뜻에 맞게 사업하는 것은 하나님도 기뻐하십니다. 하나님은 그런 사람을 축복의 통로로 삼으십니다. 이것이 하나님이 세상을 경영하시는 방법입니다.

자, 다시 그림을 그려 봅시다. 이번에는 나와 돈을 한 세트로 묶어 봅시다. 이렇게 되면 나에게는 돈이 가장 중요한 가치입니다. 이런 상태로 하나님을 믿습니다. 그렇다면 내가 정말 믿는 것은 하나님이 아니라 돈입니다. 이런 경우 하나님은 목적이 아니라 수단입니다. 또 나와 자녀를 한 세트로 묶어 봅시다. 내가 자녀와 결합하여 하나님께로 나아갑니다. 그리고 이렇게 기도하는 것입니다.

"하나님, 내 자녀를 돌봐 주시고 사랑해 주십시오. 복을 내려 주십시오."

이것은 하나님을 사랑한다고 볼 수 없습니다. 도리어 하나님을 만홀히 여기는 것입니다. 자녀를 하나님보다 더 사랑하고 소중히 여깁니까? 하나님보다 자녀가 나를 더 만족시킵니까? 이럴 때 자녀가 우상이 됩니다. 그런데 이것이 정상이라고 생각하는 사람들이 많습니다.

하나님과 내가 한 세트로 묶여 있다면 그다음에는 어떤 것을 해도 문제가 없습니다. 이것은 사이가 좋은 것입니다. 그러나 하나님 이외의 것이 나와 한 세트로 묶여 있다면 아무리 그 상태로 하나님께로 나아간다 한들 잘못된 것이 됩니다. 우상을 섬기게 됩니다.

왜 부정적인 감정에 휩싸이는가

그렇다면 빗나간 관계임을 어떻게 알 수 있습니까?

빗나간 관계일 때는 사인이 옵니다. 바로 두려움입니다. 지금 혹시 두려움에 싸여 있습니까? 사업 실패가 두렵습니까? 자녀가 바른 길로 가지 못할까 봐 두렵습니까? 두렵다는 것은 어떤 의미입니까? 그것은 내가 지금 그 문제를 하나님보다 더 강하게 붙잡고 있다는 말입니다. 하나님을 그 문제 앞에서 밀쳐내고 있는 것입니다.

예를 들어 내가 지금 돈이 없어서 불안하다고 해봅시다. 문제는 돈이 없는 것 자체가 아닙니다. 하나님보다 돈이 나를 더 안전하게, 내 노후를 평안하게 해줄 것이라고 믿고 있는 게 문제입니다. 그러면 돈이 필요 없다는 말일까요? 아닙니다. 내가 먼저 하나님과 연합해서 그 안에서 기뻐하고 감사하고 만족한 상태에서 돈 문제를 해결해야 합니다.

두려움만이 아닙니다. 낙심, 원망, 불평, 좌절, 분노 등 이 모든 부정적 감정은 하나님이 내 마음의 주인이 되셨을 때는 나타나지 않습니다. 그러니까 이런 감정들이 있다는 것은 하나님과 나 사이에 문제가 있다는 뜻입니다. 해결책은 무엇입니까? 마음속에 이런 부정적 감정이 생기면 그 순간 깨달아야 합니다. '지금 내가 하나님을 버리고 이것을 붙잡으려고 하는구나. 이러면 안 되지.'

세상이 참 복잡합니다. 왜 그럴까요? 왜 이렇게 인

생이 허무합니까? 하나님 아닌 다른 것을 하나님보다 더 사랑하기 때문입니다. 하나님을 최고로 사랑하지 않으면 우리의 사랑은 빗나가 버립니다. 어떤 것을 너무 사랑하거나, 제대로 사랑하지 못합니다. 그러나 우리가 하나님을 사랑하면 모든 사랑이 재설정(resetting) 됩니다.

세상에는 사랑할 것이 많습니다. 우리는 살면서 사람도, 일도, 재물도 사랑하게 됩니다. 이것들을 사랑하는 것 자체는 죄가 아닙니다. 사람을 사랑해야 결혼도 하고 자식도 낳습니다. 자식을 사랑하는 것이야 부모된 도리로 당연지사 아닙니까? 그런데 그 모든 것을 가치에 맞게 제대로 사랑할 수 있어야 합니다. 그 유일한 방법은 하나님을 가장 사랑하는 것입니다. 그럴 때 다른 모든 것을 제대로 사랑할 수 있습니다. 이 놀라운 메커니즘을 잊지 않기를 바랍니다.

예수님은 풍랑이 거센 바다에서도 배에서 주무셨습니다. 제자들은 "우리가 지금 다 죽게 되었는데 잠이 오십니까?"라면서 두려워했습니다. 그런데도 예수님은 왜 그렇게 평안하셨을까요? 하나님으로 마음이 꽉 차 있었기 때문입니다. 제자들은 덮쳐 밀려오는 파도에 지레 겁을 먹었습니다. 마음이 눌렸습니다. 하나님이 아니라 두려움을 붙잡은 것입니다. 그러니까 어떤 형편이나 상황 때문에 두려워하거나 낙심하는 것이 아닙니다. 하나님 아닌 다른 것을 붙잡았기 때문에 낙심하고 두려워합니다. 하나님으로 꽉 차 있으면 어떤 상황 속에서도 두려워하거나 낙심하지 않을 수 있습니다.

마음을 관리한다는 뜻

하나님의 자녀가 되었어도 하나님과 나 사이에 세상 가치들이 계속 파고들어 옵니다. 왜 그럴까요? 영적인 세계에서는 애매한 것이 없습니다. 내가 하나님 아닌 어떤 것을 하나님보다 더 사랑할 때, 그것이 하나님과 나 사이를 가로막을 권리를 얻습니다. 합법적으로 끼어들 수 있는 것입니다. 그것을 치우려면 내가 십자가에 못 박혔다는 고백이 필요합니다. 그래서 그것과 나와의 관계를 끊어야 합니다. 그럴 때 그것은 하나님과 나 사이에서 버티고 있을 권리를 박탈당하게 되고, 나와 하나님 뒤로 물러갑니다. 자기 자리로 돌아가는 것입니다.

그렇다면 하나님 뒤로 물러간 그것과 나와의 관계는 완전히 사라질까요? 그렇지 않습니다. 그것도 사실은 하나님이 내게 주신 관계입니다. 가족도, 내 회사도,

내가 사랑하는 모든 것도 다 하나님이 주신 선물입니다. 그런데 그 관계가 완전히 사라지겠습니까? 정확하게 말하면 하나님보다 더 사랑했던 우상화된 관계가 끊어지는 것입니다. 그 결과 그것이 있어야 할 본래의 자리로 돌아가게 됩니다. 이렇게 될 때 하나님과 나 사이에 끼어 있던 것들이 하나님의 통제 하에 들어갑니다. 하나님이 그것을 책임지는 것입니다. 이것이 성경의 약속입니다.

내 자녀가 진정으로 하나님의 손에 들어가려면 내가 십자가에 죽었다고 고백하면서 하나님과 나 사이에 있는 그 자녀를 치워야 합니다. 하나님 뒤로 밀어내야 합니다. 그럴 때 자녀는 제자리로 돌아갑니다. 이것은 자녀를 방치한다는 말이 아닙니다. 자녀를 나에게 선물로 주신 전능하신 하나님이 책임지실 수 있도록 무능하기 그지없는 내가 물러나는 것입니다. 그러니까 내가 사랑하는 것들을 밀어내고 하나님을 최우선으로 하나님과 가장 가까운 거리를 유지하는 것이 신앙생활이며, 이것이 마음을 관리하는 방법입니다.

우리는 매일 많은 사람과 접촉하고, 사건을 처리합니다. 그러는 가운데 마음을 맨 먼저 하나님께 드리는 훈련을 해야 합니다. 우리 마음의 주인은 하나님이시기 때문에 어떤 것을 결정하기 전에, 누구를 만나기 전에, 어떤 문제에 대하여 평가하고 반응하기 전에 하나님을 찾아야 합니다. 하나님께 내 마음을 드리고, 그 문제에 대하여 하나님의 뜻이 무엇인가를 물어봐야 합니다. 그다음에 세상을 만나십시오. 그러면 마음의 평안을 잃지 않을 것입니다. 그럴 때 올바른 결정을 내릴 수 있습니다. 그렇게 인생을 살아갈 때 우리 인생은 절대로 실패하지 않는, 주님과 동행하는 멋진 인생이 될 것입니다.

솔로몬은 잠언 4장 23절에서 "모든 지킬 만한 것 중에 더욱 네 마음을 지키라 생명의 근원이 이에서 남이니라"라고 말합니다. 모든 것이 마음에서 나옵니다. 그러므로 마음을 잘 지켜야 합니다. 세상에서 가장 치열한 영적인 전쟁터는 우리 마음입니다. 마음을 어떻게 사용하느냐에 따라 인생이 달라집니다.

마음을 바꾸면 새사람이 되고, 마음을 포기하면 죽을 수도 있습니다. 인생을 기쁘고도 보람 있게 살 수도 있고, 아무것도 안 하고 이대로 살다가 죽을 수도 있습니다. 하나님께 충성할 수도 있고, 반역자가 될 수도 있습니다. 다 마음에 달려 있습니다. 그래서 하나님은 우리의 마음을 원하십니다. 그걸 알기 때문에 마귀도 우리의 마음을 잡으려고 달려듭니다. 그래서 마음은 결코 고요하고 평화로운 성이 아닙니다. 치열한 전쟁터입니다.

우리 마음에서는 어떤 싸움이 일어납니까? 내 마음 속에 있는 하나님의 자리에 다른 것이 끼어드는 것과의 끊임없는 싸움입니다. 교회 와서 예배드리면 하나님만 내 마음에 계십니다. 그런데 세상에 나가면 다른 것들이 내 마음을 수없이 공격합니다. 그것을 어떻게 막아 내느냐가 마음 관리에서 중요합니다.

세상에서 지킬 것이 많습니다. 내 집과 재산도 지켜야 하고, 건강도 지켜야 합니다. 인간관계와 명예도 지켜야 합니다. 그러나 모든 것을 지킨다고 해도 마음을 지키지 못하면 소용이 없습니다. 그러므로 무엇보다도 마음을 지켜야 합니다. 우리 모두 마음을 잘 지켜서 육신의 건강도, 영혼의 생명도 누리며 승리하는 하나님의 사람이 되길 축원합니다.

기도

하나님 아버지,

어떻게 마음을 관리해야 하는지를 알게 하소서.

내가 십자가 앞에서 죽었다고 고백함으로써

하나님보다 더 사랑하는 것을

하나님 뒤로 밀어내고,

언제나 하나님으로 꽉 찬 마음이 되게 하소서.

그리고 무엇보다 먼저

나와 가장 가까운 하나님과 연합한 상태로

무슨 일이든 하게 하소서.

묵상 질문

1

나와 가장 가까운 관계는 누구인가요?

_____

_____

_____

2

'하나님과 나' 사이에 끼어드는 것이 있다면 무엇인가요?
그때 우리가 해야 하는 고백은 무엇인가요?

_____

_____

_____

3

나와 하나님과의 관계에 다른 것이 끼어든 상황에서
하나님께 마음을 드렸을 때 경험한 변화가 있다면
함께 나눠 봅시다.

_____

_____

_____